El turismo ciudadano y sus enemigos

Roger Sunyer

A todas aquellas personas que tratan
de procurarse su propia felicidad
y con ello la de cuantas más personas,
mejor.

De forma modesta, discreta y anónima.
Sin grandilocuencias, sin esperar nada,
decididos a aportar su granito de arena.

Uno de esos miles de granitos de arena
que son los que permiten mejorar las cosas,
uno de esos miles de granitos
sin los cuáles los castillos de arena
simplemente no existirían

SUMARIO

INTRODUCCIÓN

Según la Organización Mundial del Turismo el turismo "es un fenómeno social, cultural y económico relacionado con el movimiento de las personas a lugares que se encuentran fuera de su lugar de residencia habitual por motivos personales o de negocios/profesionales. Estas personas se denominan visitantes (que pueden ser turistas o excursionistas; residentes o no residentes) y el turismo tiene que ver con sus actividades, de las cuales algunas implican un gasto turístico"[1].

Sea en su vertiente social, cultural o económica lo cierto es que en las últimas décadas el turismo encarna como pocos las consecuencias de la globalización, mostrando un crecimiento sin precedentes de oferta y demanda, de expansión geográfica, de segmentación de mercados o de beneficio empresariales. Si en 2012 se superó por primera vez los mil millones de turistas, en la actualidad ya se puede afirmar que la turística representa la primera industria legal del mundo[2]. Considerando que de la mitad de la población mundial vive en ciudades y con la previsión que en 2050 sean ya dos terceras partes[3], es

---

[1] Ver en http://media.unwto.org/es/content/entender-el-turismo-glosario-basico.

[2] WTO-OMT, *Compendium of Tourism Statistics*, Madrid, WTO-OMT, 2011-2015. Aunque las *industrias* de la droga, armamento o prostitución seguían liderando el ranking de sectores de actividad económica más lucrativos. a principios de la última década. Ver en: http://www.businesspundit.com/the-worlds-most-lucrative-business-markets/8/

evidente que el turismo tiene una clara dimensión urbana, que el turismo a través de múltiples formas y expresiones se ha convertido en uno de los elementos estructurantes de la ciudad.

Sin embargo y pese a que su expansión a lo largo de los siglos XIX y XX se dio sin excesiva conflictividad, en los últimos años el turismo urbano ha sido el centro de atención de un conjunto disperso, más o menos organizado, de reacciones y resistencias contrarias a él, llegando incluso en algunos casos a considerarlo como una de las amenazas principales para la sostenibilidad de la ciudad o incluso de su pervivencia como tal[4].

No hace falta ser muy astuto para constatar la coincidencia temporal entre la emergencia de un cierto discurso *anti-turismo masivo* con la aparición de nuevos operadores digitales generadores de una fuerte disrupción, no solo en el mercado sino con significativos efectos normativos, sociales e incluso culturales. Es previsible que ello haya provocado una reacción contraria de los operadores tradicionales, tales como la industria hotelera. Pero pese al conflicto dialéctico típico de un mercado capitalista entre innovación y monopolio, no parece razonable otorgar de forma exclusiva a disputas sectoriales la emergencia de un *discurso anti-turismo* en algunas ciudades occidentales del mundo receptoras de ingentes cantidades de turistas, tales como Barcelona, Londres o Nueva York.

Deben existir varios factores que expliquen porqué la globalización del turismo ha generado la aparición de un fenómeno de

---

[3] Banco Mundial 2013.

[4] En Barcelona por ejemplo si en 2012 la encuesta de Percepción del turismo indicaba que el 71,8% creían que había que atraer más turistas, solo cinco años después, en 2017 la misma encuesta situaba al turismo como el principal problema de preocupación para una mayoría de sus ciudadanos por delante del paro, pese a niveles de desocupación sin precedentes. Ver en: https://www.slideshare.net/Barcelona_cat/barmetre-semestral-de-barcelona-juny-2017. Otras muestras de *resistencia* surgidas principalmente en ciudades occidentales, que paradójicamente lideran a su vez las listas de ciudades emisoras de turistas hacia otros destinos, se pueden encontrar en ciudades como Venecia, Londres o Nueva York.

resistencia cuando no de rechazo directo a la presencia *masiva* de turistas en las ciudades. Algunos de ellos probablemente deben guardar relación con la capacidad de carga *razonable* de los destinos turísticos; otros deben estar vinculados con el escenario socio-económico provocado por un período de crisis económica; otros directamente deben explicarse por la existencia de dinámicas *precarización* económica general y aún otros pueden estar directamente vinculados a caractetísticas de tipo socio-cultural. Más concretamente encontramos en los últimos años una proliferación de manifestaciones que vinculan el turismo urbano masificado a con problemas de convivencia doméstica entre *vecinos* y turistas; al aumento de los precios del alquiler de la vivienda; a la *precarización* del trabajo; al monocultivo económico o incluso a un proceso global de mercantilización de lo urbano que amenaza con liquidar definitivamente la esencia e identidad de la ciudad.

El propósito de *El turismo ciudadano y sus enemigos* es constatar buena parte de estas *resistencias*, de este rechazo, tratando de entender los ejes principales en los que se fundamenta el discurso *anti-turismo*, para poder aportar posteriormente una cierta visión pragmática, que sin dejar de constatar los riesgos y amenazas que la masificación del turismo puede comportar y de hecho comporta, lo considere fundamentalmente como una oportunidad para mejorar en nuestras ciudades las condiciones sociales y económicas de sus ciudadanos.

El turismo ciudadano y sus enemigos es el resultado de un trabajo intelectual artesanal. Las reflexiones contenidas en el libro surgen por lo tanto de la propia subjetividad y no pretenden escudarse en una apariencia de pretenciosa *cientificidad*. Con sus bondades y sus defectos son fruto de las propias reflexiones y la propia experiencia personal. Por ello sus páginas se han escrito con espíritu libre de prejuicios de ciertos ambientes: alejadas de discursos *pseudo-revolucionarios* –a menudo confortablemente instalados en espacios académicos-, distantes de una cierta estética anticapitalista *cool* instalada en una culpabilización obsesiva al capitalismo de todo lo negativo que hay en nuestras sociedades, pero también lejos de una visión edulcorada del turismo desprovista de cualquier crítica a la responsabilidad de la industria turística y de los turistas respecto al impacto que generan en las ciudades y el entorno en general. Distante por lo tanto también de un *neo-liberalismo* incapaz de reconocer también parte de su responsabilidad en algunas de las consecuencias negativas que vemos en nuestro planeta o, a veces, directamente desinteresado del proceso para encontrar mejores instrumentos y mecanismos sociales, económicos y ambientales para todos.

Solo tú, lector, podrás valorar si el objetivo se ha cumplido o no. Sea cuál sea el veredicto final, no hay duda que en cualquier caso habrá que seguir pensando y buscando fórmulas mediante los cuales el turismo pueda contribuir a la felicidad de cuantas más personas sea posible. Y si puede ser de todas, aún mejor.

1. LOS HECHOS

En este primer capítulo constataremos cuatro aspectos fundamentales que nos deben servir para contextualizar el debate sobre el turismo y sus impactos. Por su obviedad se trata de aspectos poco controvertidos y por lo tanto con un alto grado de consenso. En primer lugar me referiré al origen del turismo. Ello es importante para constatar algo aparentemente tan simple como que el origen del turismo *de masas* no es lo mismo que el origen del turismo en sí mismo. No se trata de sentar cátedra al respecto. Simplemente nos será útil para enfatizar que si bien su *masificación* es relativamente cercana en el tiempo, su origen propiamente dicho podría ser mucho más remoto.

Dicha distinción puede ayudarnos a comprender en qué medida ciertas resistencias englobadas en un *discurso anti-turismo* o directamente de cierta *turismofobia* pueden guardar mayor relación con la actividad turística en sí misma, en el placer de viajar, o bien guardan una relación directa con la masificación de dicho placer y las consecuencias negativas que para algunos ello genera.

Con este mismo propósito didáctico nos será probablemente útil distinguir cuatro etapas temporales bien distintas entre sí: la primera y más difusa se refiere a su origen remoto; la segunda a su industrialización cuando aún siendo un fenómeno extremadamente elitista se establecen ya las bases para su *paquetización*; la tercera se refiere a su *masificación* propiamente dicha cuando el fenómeno es participado definitivamente por millones de personas en todo el mundo de un modo ya muy similar a como lo conocemos en la actualidad;

finalmente una cuarta aún más reciente, se caracteriza por la imponente irrupción de la economía digital y las plataformas digitales que han representado sin duda otra vuelca de tuerca histórica en la evolución del turismo desde sus inicios más remotos.

1.1   EL ORIGEN REMOTO DEL TURISMO

Desde una perspectiva etimológica la palabra turismo deriva del latín *tornus,* que significa vuelta o movimiento. Del latín *tornus* provienen otras palabras como: torno, contorno, trastorno y retorno, de modo que fácilmente podemos interpretar que *hacer turismo* es algo así como dar una vuelta, salir de casa voluntaria y temporalmente para regresar al cabo de un determinado espacio de tiempo. Aunque considerado y tratado habitualmente como fenómeno social el turismo es principalmente un acto individual, una decisión que tomamos libremente para desplazarnos, visitar pueblos, ciudades, conocer gente y conocer realidades sociales y culturales más o menos distintas a las nuestras, por puro placer. Placer en el sentido epicúreo, partiendo por lo tanto de la constatación que el principio constitutivo de los seres humanos −o de una gran mayoría de ellos en el peor de los casos− reside en una común aspiración natural a la felicidad proporcionada por el gozo, en todas las variantes que el propio Epicuro define, y de las cuales, en nuestro tiempo la voluntad de *hacer el turista* sería sin duda uno de sus ejemplos más ilustrativos[5].

El origen remoto del turismo lo deberíamos vincular al acto de curiosear, instinto encarnado en lo más profundo de la condición humana y que vemos reflejado ya en tiempos bíblicos cuando los propios Adán y Eva no pudieron reprimir su instinto de mirar a su alrededor, curiosear e ir más allá de su estrecho círculo ya conocido[6].

---

[5] La malinterpretación de su filosofía lo ha asociado a una determinada forma de placer, asociándolo a lujuria, desenfreno y orgías y no tan vinculado a su idea fundamental de placer como ausencia de dolor, pero también placer como paz, equilibrio, bienestar interior, etc. Epicuro, *Obras completas,* Madrid, Cátedra, 2016.

[6] Acerca de la "mirada del turista" véase John Urry, *The Tourist Gaze: Leisure and Travel in*

"El ser humano es un animal naturalmente predispuesto a explorar y conocer el mundo que le rodea. Su curiosidad no se limita a aspectos descriptivos acerca del ambiente circundante inmediato, como la pregunta ¿Qué es eso? Ya en la primera infancia, las preguntas inquisitivas sobre *lo que es* dan rápidamente el salto hacia un proceso activo y operacional de experimentación: ¿Cómo funciona eso?, ¿Qué sucede si...?"[7].

La curiosidad por lo tanto emerge de los más profundo de nuestro ser, actúa como un impulso interno, un comportamiento lúdico que busca explorar y experimentar con lo nuevo y lo desconocido. La curiosidad podría bien considerarse un placer en sí misma, vinculada al deseo de conocer.

"Constituye una importante dimensión de la inteligencia, ya que representa la fuente principal del deseo de saber, de las ganas de aprender. Cuando son curiosos, los individuos están activamente involucrados en la búsqueda de un disfrute personal. Y es que la curiosidad está asociada al juego, al disfrute, a la satisfacción que proporciona aprender y descubrir"[8].

Curiosidad y deseo de saber están por lo tanto íntimamente relacionadas con el turismo.

Pero dejemos ahora los elementos constitutivos de la condición humana que lo vincula a la necesidad de *turistear*, acción vinculada al placer, a la curiosidad. Adentrémonos en una dimensión histórica para ver como distintas formas y expresiones de turismo han existido desde tiempos remotos como encarnaciones de esa voluntad de placer, de ausencia de dolor y de curiosidad.

Desde una perspectiva histórica hay que incluso plantea remontar el origen del turismo hasta las primeras migraciones humanas al final de la era paleolítica, de tal modo que los cazadores-recolectores serían considerados como los primeros *turistas de masas* en la medida que disponían de una gran proporción de sus poblaciones en

---

Contemporary Societies, London, Sage, 1990.

[7] Hugo Assmann, *Curiosidad y el placer de aprender*, pg. 134, PPC, Madrid, 2005.

[8] Ídem.

movimiento, muy a menudo yendo por ejemplo a lugares sagrados en peregrinaje[9].

Muy posteriormente en 1244 antes de Cristo en *Hadnakthe*, Egipto, parece que un escriba de hacienda dejó un mensaje en la pared de la pirámide del Paso de Zóser dando testimonio de que había venido con su hermano "para hacer una excursión y divertirse en el oeste de Memphis"[10] y también en el mismo Egipto se dice que José había visitado las pirámides y Herodoto describe a una multitud de egipcios yendo a festivales[11].

Situaciones relativamente similares a experiencias turísticas de la actualidad las podemos encontrar en las festividades propias de la antigüedad y de sus ciudades, desde los conocidos Juegos Olímpicos[12]hacia el siglo VIII AC hasta representaciones teatrales de batallas entre griegos y troyanos rememoradas por Homero[13]. Con el auge del mundo romano los famosos juegos de gladiadores o todo tipo de fiestas colectivas que de algún modo u otro implicaban la participación de buena parte de la comunidad podrían bien considerarse ejemplos de atracciones turísticas.

Parece que tanto la *Pax romana*, el desarrollo de importantes vías de comunicación como una cierta prosperidad económica prolongada

---

[9] Bertram M. Gordon, *El turismo de masas: un concepto problemático en la historia del S. XX*. Revista Historia contemporánea, 2002.

[10] Ídem.

[11] Ídem.

[12] En la Grecia clásica se daba gran importancia al ocio. El tiempo libre lo dedicaban a la cultura, diversiones, religión y deporte. Los desplazamientos más destacados eran los que realizaban con motivo de asistir a los Juegos Olímpicos Antiguos en la ciudad de Olimpia, a las que acudían miles de personas y donde se mezclaban religión y deporte. En las ciudades, los organizaban y dirigían sus magistrados que representaban en ellos al estado. La vida pública quedaba paralizada durante las fiestas ya que se suspendía toda actividad oficial. También existían peregrinaciones religiosas, como las que se dirigían a los oráculos de Delfos y de Dódona.

[13] Bertram M. Gordon, *El turismo de masas: un concepto problemático en la historia del S.XX*. Revista Historia contemporánea, 2002.

posibilitó a algunos ciudadanos medios económicos y tiempo libre y el desarrollo de la cultura del ocio caracterizada entre otros aspectos por la proliferación de los viajes por puro placer[14]. Así durante el Imperio los romanos frecuentaban aguas termales como las famosas termas de Caracalla[15], eran asiduos de grandes espectáculos, como los teatros o realizaban desplazamientos con cierta frecuencia hacia la costa. En siglo II DC, durante el imperio de Marco Aurelio, el geógrafo y escritor griego Pausanias escribe *Descripción de Grecia*[16] considerada la primera guia de viajes de la historia: dividida en diez libros, describe con detalle monumentos, templos y edificios, al tiempo que relata numerosos episodios históricos y legendarios relacionados con ellos o con los territorios donde se encuentran[17].

La actividad turística tiene de buen principio varios formatos y expresiones y ello lo podemos constatar ya en la Antigüedad. Así por ejemplo en contraste con el *otium*[18] romano encontramos el turismo piadoso[19] en el desierto de la Tebaida donde hacia el año 300 está habitado por unas siete mil personas, que practican una vida de pobreza y abstinencia sexual[20]:

---

[14] El turismo empezó para algunos con el romano *otium*, un retiro de cultura para los *Optimates*. Ver Pascal Cuvelier, *Anciennnes et nouvellles formes de tourisme. Une approche socio-économique*, L'Harmattan, Paris, 1998, pp. 19-20.

[15] Construidas por el Emperador Caracalla dichos baños públicos contaban con salas de vapor (saunas), piscinas, salas de gimnasia, de reposo, de masaje e incluso bibliotecas y jardines.

[16] El término "descripción" es una traducción del griego *periégesis*, cuyo significado más fiel sería el de un recorrido guiado. Pausanias, *Descripción de Grecia. Obra completa*, Madrid, Editorial Gredos, 1994.

[17] La exactitud de sus descripciones, en muchos casos, ha sido tan valiosa que incluso sirvió a investigadores y arqueólogos para localizar y descubrir los grandes yacimientos arqueológicos griegos. Entre otros méritos se le atribuye haber encontrado el lugar de la sepultura de Platón en la Academia que este fundara, a las afueras de Atenas. Se cree que era nativo de la región de Lidia, situada en Asia Menor, probablemente de Magnesia del Sípilo, que menciona varias veces en su obra, y vivió durante el siglo II d. C.

[18] Ver Nota 14.

[19] Antonio Escohotado, *Los enemigos del comercio*, Vol. I, Barcelona, Espasa, 2014.

"En las inmediaciones de Oxirrinco, una ciudad populosa entonces, el obispo calcula que hay unos veinte mil eremitas masculinos y hasta diez mil femeninos, exagerando probablemente el número de mujeres"[21]. "Pero no tienen regla de obediencia, y una parte combina su vida retirada con visitas a las ciudades cuando toca elegir nuevo obispo o hay algún otro acto colectivo"[22]. "Desde todos los rincones del Imperio empiezan a llegar fieles deseosos de ver —aunque sea a distancia, para no molestar- a artistas de la mortificación como san Hilario, san Zenobio o san Arsenio, ofreciendo así de paso oportunidades a transportistas y tenderos. Desde finales del siglo IV hay flotillas y caravanas específicas, dedicadas a abastecer una cadena de almacenes y albergues que jalona las rutas a Belem y Jerusalén, con etapas intermedias en los desiertos de Alejandría o Antioquía, donde se concentran los renunciantes más egregios".[23] "Excavaciones hechas en el desierto israelí de Neguev demuestran que atender a estos viajeros indujo la construcción de importantes regadíos, que las aldeas de la zona crecieron como nunca, y que Gaza llegó a ser una ciudad muy próspera"[24].

El turismo piadoso se prolonga en la Edad Media a través de las famosas peregrinaciones religiosas que crecen exponencialmente de forma paralela la expansión tanto del Cristianismo como del Islam[25]. Respecto a las primeras son famosas, por ejemplo, las expediciones desde Venecia a Tierra Santa y las peregrinaciones por el Camino de Santiago desde el 814 cuando se descubrió la tumba del santo.

---

[20] Mircea Eliade: *Historia de las creencias e ideas religiosas*, Ediciones Cristiandad, Madrid, 1983.

[21] Gibbon citado en Antonio Escohotado, *Los enemigos del comercio*, Vol. I, Barcelona, Espasa, 2014.

[22] Ídem.

[23] Ídem.

[24] Cameron 2001, pág. 192 citado en Antonio Escohotado, *Los enemigos del comercio*, Vol. I, Barcelona, Espasa, 2014.

[25] El paralelismo en el mundo Islámico lo encontramos en el Hajj o peregrinación a La Meca, como uno de los cinco Pilares del Islam obligando a todos los creyentes a esta peregrinación al menos una vez en la vida.

"Los ritos de lavamiento a qué estaba sometido el peregrino en cada una de sus etapas y al final de su itinerario eran, al respecto, simbólicos: el viaje a los lugares sagrados limpiaba al hombre de su mácula de enfermedad y de pecado"[26].

Aunque simbólico, el ingente tránsito para la época generó toda un conjunto de actividades asociadas a ellas, desde la creación de mapas, a mesones y todo tipo de servicios para los caminantes:

"Toda una masa abigarrada de mercaderes, ladrones, juglares y prostitutas se mezclaban en los caminos y en las etapas"[27].

En 1160 aparece el *Códice Calixtino*[28], en torno a la figura del apóstol Santiago, con su Libro V concebido como un manual práctico para los peregrinos europeos[29]. En sus páginas describe el camino y los lugares y poblaciones por donde pasa, da consejos y advierte de los posibles peligros del recorrido[30]. Más allá de los devotos propiamente religiosos el propósito *turístico* parece claro si consideramos que:

"La peregrinación ofrecía al aldeano la ocasión de franquear los estrechos horizontes de su terruño natal y permitía al adolescente librarse de coerciones familiares"[31].

Además desde una perspectiva propiamente urbana parece evidente que el turismo piadoso medieval:

"hizo la fortuna de los antiguos núcleos urbanos que se encontraban a su paso por ejemplo, las ciudades lombardas y toscanas que se alzaban en el camino a Roma"[32].

---

[26] Pierre Bonnassie, *Vocabulario básico de la historia medieval*, Barcelona, Crítica,1998.

[27] Ídem.

[28] Atribuido por algunos al monje benedictino francés Aymeric Picaud.

[29] Anónimo, *Codice calixtino: libro v: guía del peregrino medieval alvarellos,* editora técnica, 2016.

[30] Abundan las descripciones detalladas sobre geografía o la ciudad de Compostela como los capítulos titulados "De los buenos y malos ríos que se hallan en el camino de Santiago" o "De los nombres de las tierras y de las particularidades de las gentes que se encuentran en el Camino".

[31] Pierre Bonnassie, *Vocabulario básico de la historia medieval*, Barcelona, Crítica,1998.

[32] Pierre Bonnassie, *Vocabulario básico de la historia medieval*, Barcelona, Crítica,1998.

El turismo ciudadano y sus enemigos

Si en el siglo XIV el gran humanista Petrarca afirma "Yo sé que en la mente de los hombres reside un anhelo innato por ver nuevos lugares"[33] en el XV parece ya instalada la noción de la *curiositas*. Curiosidad para *hacer turismo* que por otro lado encontramos asociada progresivamente con la estética, de modo que a un mayor nivel de viajes corresponde con un mayor nivel en bellas artes. Tanto el turismo como la estética cultural discurren en recíproca influencia a lo largo de toda la historia pero es en pleno Renacimiento cuando el turismo adquiere el sentido de expresión práctica de la curiosidad asociado progresivamente a valores estéticos y por ello el turista se propone "conocer lo bello, lo deseado, lo interesante".

A finales del XVI surge la costumbre de enviar a los jóvenes aristócratas a hacer el *Grand Tour*[34]. Una forma de descubrir *in situ* que el legado de ciudades como Roma, París o Atenas, conocimiento imprescindible para complementar su formación, adquirir ciertas experiencias al finalizar sus estudios y prepararse para la futura asunción de responsabilidades en un Imperio como el británico.

Para algunos autores este es el auténtico fenómeno fundacional del turismo moderno[35], surgido en paralelo al resto de transformaciones que se dan en la Ilustración y en la que literalmente sus practicantes ya pueden ser denominados propiamente como *tourists*[36].

---

[33] Colin Thubron, "Both seer and seen: The travel writer as leftover amateur", TLS, 30 de julio de 1990, p. 12. Citado en Bertram M. Gordon, *El turismo de masas: un concepto problemático en la historia del S. XX*. Revista Historia contemporánea, 2002.

[34] El término *Grand Tour* parece que apareció escrito por primera vez en 1670, en la obra *El Voyage d'Italie* de Richard Lassels, en la que hace referencia al viaje por Europa que realizaban jóvenes aristócratas -principalmente británicos- como parte de su educación. Sobre todo se dirigían hacia Italia en un largo viaje que se extendía durante meses de modo que es obvio debía disponerse de una situación económica holgada. Ídem.

[35] José Antonio Donaire, *Turisme Cultural, Entre l'experiència i el ritual*, Bellcaire d'Empordà, Edicions Vitel·la, 2008.

[36] En *Cartas a su hijo* Lord Chesterfield realiza un retrato epistolar de la Inglaterra del XVIII donde se relata entre otras muchas cosas el *Grand Tour de* su hijo como buen ejemplo de todo

En el siglo XVIII parece que el itinerario estaba ya bastante asentado, aunque no se trataba de una ruta única y secuencial[37]. El flujo de viajeros era constante[38] y el recorrido se adaptaba a las necesidades y modas de cada época. En muchas ocasiones, como solían ser jóvenes que salían de casa por primera vez, viajaban acompañados de alguien de confianza, algún clérigo o algún mayor conocido. Para alojar al séquito de acompañantes de grandes personalidades, que incluso las dimensiones de un palacete urbano no podía acoger, se crean los primeros Hoteles (del francés *Hôte*) . También en esta época hay un resurgir de las termas -en decadencia durante la Edad Media- a las cuáles no sólo se asiste por consejo médico, sino por diversión y entretenimiento.

Obviamente en los siglos XVII y XVIII la actividad *turística* sólo podía ser practicada por la aristocracia, la clase social que poseía la riqueza y que no estaba sometida a los imperativos del trabajo como los demás estratos sociales. Este turismo propio de una sociedad estamental estaba revestido de un cierto halo de mitificación y de ritualización iniciática, vinculada al desarrollo de un cierto individualismo elitista claramente influida por la emergente cultura del Romanticismo y actuaba por lo tanto como un elemento de distinción de clase[39].

---

ello. Ver en Lord Chesterfield, *Cartas a su hijo*, Barcelona, El Acantilado, 2006.

[37] Sí se partía inevitablemente de Calais, por donde se accedía a Francia. Se necesitaban días y días para llegar desde Calais hasta Marsella. En una primera época se recorría el norte de Francia y se pasaba por Bélgica (las paradas en Bruselas y París, entonces capital del mundo, eran indiscutibles) camino del verdadero objetivo, la península itálica. En el país transalpino el objetivo era visitar las zonas más modernas del norte (Turín, Milán, Venecia) antes de pasar por Florencia, llegar a Roma y terminar en Nápoles, por aquél entonces era la mayor ciudad de lo que hoy es Italia, para volver en barco.

[38] Parece que Voltaire, que vivía en Freney, cerca de Ginebra, era conocido por lo mucho que le gustaba acoger a viajeros. Citado en Bertram M. Gordon, *El turismo de masas: un concepto problemático en la historia del S. XX*. Revista Historia contemporánea, 2002.

[39] José Antonio Donaire, *Turisme Cultural, Entre l'experiència i el ritual*, Bellcaire d'Empordà, Edicions Vitel·la, 2008.

Tal y como hemos comentado inicialmente no es el propósito de este capítulo realizar un relato pormenorizado de la historia del turismo. Tan solo se trataba de esbozar algunos de sus orígenes remotos y su evolución a lo largo del tiempo bajo distintas formas y expresiones. Ello nos ha servido entre otras cosas para constatar que hasta entonces se trata de un fenómeno extremadamente limitado a un grupo social con un elevadísimo poder adquisitivo. Excepto eso sí en el caso de peregrinos y turistas piadosos que huyen de cualquier sensación de propiedad, buscan el placer *ausentándose* y huyendo del infernal mundo material que tanto sufrimiento les provoca.

En medio de unos y otros encontramos a la gran mayoría de la población que no sabe aún lo que es el turismo ni tan solo puede soñar con ello. Le basta con sobrevivir. Sin embargo ya el siglo XIX se sembraran las semillas que cambiaran radicalmente todas las reglas de juego de la sociedad estamental. Con la industrialización empieza el primer gran punto de inflexión para el turismo tal y como lo conocemos en nuestros días.

1.2 LA INDUSTRIALIZACIÓN DEL TURISMO

Pese a las imágenes de miseria y depauperación asociadas a la sociedad urbana e industrializada, tan presentes en nuestra memoria gracias escenas como las retratadas en *Los Miserables* o en los relatos de Dickens[40], lo cierto es que en términos generales el tránsito de una sociedad tradicional a una industrializada conllevó con el paso del tiempo, y pese -o gracias- a procesos sociales fuertemente convulsos, a una mejoría general de las sociedades occidentales. En términos de salud por ejemplo parece incuestionable que descendió el índice de enfermedades causa y consecuencia a la vez de una mejor alimentación, de mejoras en la higiene[41] o a mejoras urbanas que afectaban a la salubridad y la higiene colectiva.

Un historiador poco sospechoso de *capitalista* como E. J. Hobsbawm así lo refleja cuando reconoce que:

"Debe recordarse que el descenso de la mortalidad -causa fundamental, probablemente del fuerte aumento de la población- no se debió, necesariamente a un *aumento del consumo per cápita* y por año sino a una mayor *regularidad del suministro* es decir, a la abolición de las carestías y de las hambres periódicas que constituían una plaga de las economías preindustriales y diezmaban a su población"[42]

---

[40] Para una crítica furibunda a estos autores y a la explotación lacrimógena de la crítica a la sociedad industrial véase Antonio Escohotado, *Los enemigos del comercio*, Vol. II, Barcelona, Espasa, 2017.

[41] Martina Castells se convertirá en 1882 en la primera doctorada en medicina en España con la tesis doctoral *Educación física, moral e intelectual que debe darse a la mujer para que contribuya en grado máximo a la perfección y la dicha de la Humanidad*, donde el tema de fondo era la educación de la mujer especialmente en el ámbito de la higiene. Ver en: https://ca.wikipedia.org/wiki/Martina_Castells_i_Ballesp%C3%AD

El turismo ciudadano y sus enemigos

La lenta consolidación de una sociedad mercantil que se remonta al final de la Alta Edad Media junto con la expansión definitiva del capitalismo como sistema económico[43] dominante comporta la consolidación de una nueva clase: la burguesía para algunos, la clase media para otros. Su capacidad de acceder a medios de producción hasta entonces reservados a las clases nobiliarias comportó virulentas disrupciones en los monopolios que en todos los ámbitos estaban en manos de aristócratas o de la Iglesia. Las sucesivas revoluciones y disputas supusieron a la postre un mayor *reparto* del poder político[44] causa y consecuencia al mismo tiempo de una lenta, mínima y pírrica pero incipiente democratización de la educación y la cultura en general[45].

Todo ello permite por lo tanto que en el siglo XIX por primera vez en la historia de la humanidad un número significativamente mayor al de siglos anteriores –aristócratas y ahora también la *burguesía*- se encuentre en disposición personal, social y económica de imitar los gustos y usos de los aristócratas o los antiguos ricos.

Las lentas pero constantes mejoras sociales y económicas son a su vez causa y consecuencia de unas mejoras tecnológicas sin precedentes[46] que tendrán efectos insospechados hasta el momento en todo tipo de ámbitos sociales y económicos.

---

[42] Citado en Phyllis Deane, *La primera revolución industrial*, Ediciones Península, Barcelona, 1977 (p.274).

[43] Obviamente no forma parte de este libro el abordaje de la cuestión sobre el origen del capitalismo que si bien hay quien sitúa en la primera Revolución Industrial otros argumentan que deberíamos retroceder al Renacimiento o incluso antes, hasta los siglos X y XI con el auge de los primeros comerciantes y la condenación de la usura por parte de la Iglesia Católica. Véase al respecto de este último punto: Jacques Le Goff, *La Bolsa y la Vida: Economía y religión en la Edad Media*, Barcelona, Gedisa,1986.

[44] A través de revoluciones que el propio E.J. Hobsbawm enmarca como *burguesas*. Ver E.J. Hobsbawm, *Las revoluciones burguesas*, Barcelona, Editorial Labor, 1987.

[45] La diseminación de los conocimientos históricos, arqueológicos y de las ciencias sociales y físicas fue ciertamente nada desdeñable respecto a siglos anteriores e influyó en la expansión de la curiosidad por conocer nuevos destinos.

Uno de ellos es incuestionablemente el turismo que sufrió su primera gran expansión merced a que los cambios tecnológicos que conllevó la Revolución Industrial: si en 1825 abrió al público el primer ferrocarril [47], en 1828 aparece el primer librito de viajes[48]. Solo dieciséis años después del primer ferrocarril en 1841, Thomas Cook gestionó el que se considera el primer viaje en grupo organizado[49]. Durante los tres

---

[46] Desde la primera locomotora construida por Richard Trevitick en 1804, el primer submarino creado por el catalán Narcís Monturiol en 1859, la bicicleta dos años después o el primer coche con motor de combustión interna que utilizaba gasolina desarrollado por Karl Benz en 1886 o el primer vuelo en un aeroplano en 1890 realizado por los hermanos Wright. Todos ellos son una buena muestra de una larguísima lista de inventos que tuvieron un impacto decisivo en ámbitos tan diversos como la medicina, la biología, los transportes o la vida doméstica. Obviamente no forma parte del objeto de este libro situar el punto de inflexión exacto de la revolución tecnológica de la sociedad industrial, por ello me limitaré a explicitar que si bien muchos lo vinculan a invención de la máquina de vapor otros señalan que la sociedad europea pre-industrial se encontraba ya muy avanzada respecto a su precedente inmediato medieval en términos de productividad, comercialización o urbanización. Para esta segunda perspectiva ver E.L Jones *El milagro europeo*, Madrid, Alianza Editorial, 1990.

[47] Un conjunto de vagones arrastrados por una locomotora que utilizaba el vapor como energía- cubriendo la distancia entre las poblaciones inglesas de Stockton y Darlington Cinco años más tarde se inauguró el tramo Liverpool-Manchester, asegurando el tráfico regular de mercancías y pasajeros entre ambas localidades.

[48] Publicadas por el alemán Karl Baedeker, las guías Baedeker se comenzaron a escribir en 1828 e incluyen un sistema de asteriscos para localizar y valorar los principales puntos de visita. Cuidadas hasta el más mínimo detalle, con todo tipo de datos para que el viajero fuese autosuficiente. El tamaño de la guía, en papel biblia, la precisión y el detallismo de sus mapas, la exactitud de sus informaciones hacen posible hoy día su utilización a pleno rendimiento. Las guías Baedeker se publicaban en alemán, inglés y francés, y abarcaban toda Europa, Norteamérica, algunos países africanos y colonias europeas. La editorial Baedeker desapareció en 1943, cuando un bombardeo sobre Leipzig terminó con la fábrica. Actualmente se siguen editando con este nombre unas guías de viaje, aunque nada que ver tienen ya con las originales.

[49] Thomas Cook (1808-1892), misionero baptista que había desempeñado varios oficios hasta encontrar su destino, creía que la mayoría de los problemas sociales estaban relacionados con el consumo del alcohol, lo que le llevó a formar parte de una asociación anti-alcohólica. El

años siguientes planeó varios viajes para las asociaciones anti-alcohólicas y excursiones para los niños los domingos. Su vocación de agente y de empresario innovador hizo que Cook continuara fletando trenes completos para congresos similares o viajes de placer. Aunque en su primera experiencia parece que no ganó dinero, sí que le sirvió para advertir el enorme potencial que significaba la venta de viajes organizados. Nace de esta forma la primera agencia de viajes del mundo, la *Thomas Cook and Son*. Desde entonces el legado de Cook llegará hasta nuestros días en los que *Thomas Cook*[50] se ha convertido en la primera agencia viajes con 27 millones de Euros de beneficio en 2015, unos ingresos de 11.000 millones de Euros, disponiendo de su propia compañía aviación, hoteles, agencias de viajes, seguros y una gestión global de cerca de diecinueve millones de turistas.

---

predicador fletó un viaje en ferrocarril para más de 500 personas para asistir a un mitin anti-alcohol. Llegó a un acuerdo con el ferrocarril para obtener un porcentaje por la venta de cada billete. Un viaje de alrededor de 11 millas por el que cobró 1 chelín a cada uno de los viajeros. El precio incluía el billete de tren y la comida. A partir de ese momento, Cook iniciará una revolución de las excursiones, viajes organizados y vacaciones. En 1850, Cook comenzó a publicar *The Excursionist*, una revista de turismo. En 1851 organizó un viaje para 165.000 personas a la exposición universal de Londres y en 1855, a la exposición de París. Thomas Cook puso de moda Suiza por su naturaleza, sus características adecuadas para el descanso y la salud. Tras el éxito conseguido, en 1865 trasladó la sede social de la empresa de Harborough a Londres. En 1866 viajó a Estados Unidos para concertar los servicios de diferentes compañías ferroviarias para producir turismo con servicios incentivadores y facilitadores americanos. Más tarde abrió sucursales de la empresa en las ciudades americanas que le interesaban como abastecedoras. En 1868 consiguió la exclusiva para explotar el tráfico de pasajeros del continente europeo por la ruta de Harwich. Una de sus aportaciones más destacadas fue la creación del sistema de pago basado en cupones concertados con hoteles usados como medio de pago por sus clientes. El ejemplo de Cook fue imitado tanto en América como en Europa dando nacimiento a la creación de numerosas empresas dedicadas a la producción de turismo y a la intermediación de servicios de hospitalidad y de transporte para el segmento de demanda que prefería producir su propio turismo. Jill Hamilton, *Thomas Cook: The Holiday Maker*, Stroud, Sutton, 2005.

[50] https://www.thomascook.com

La relación de actividades frenéticas de Thomas Cook nos sirve para representar perfectamente una época donde los cambios se sucedían a un ritmo tan vertiginoso que el propio Karl Marx lo remarca en 1847 entre las páginas de su *Manifiesto Comunista*:

"La época de la burguesía se caracteriza y se distingue de todas las demás por el constante y agitado desplazamiento de la producción, por la conmoción ininterrumpida de todas las relaciones sociales, por una inquietud y una dinámica incesantes. Las relaciones inmóviles y mohosas del pasado, con todo su séquito de ideas y creencias viejas y venerables, se derrumban, y las nuevas envejecen antes de echar raíces. Todo lo que se creía permanente y perene se esfuma, lo santo es profanado"[51].

Esta *dinámica incesante* se refleja en la facilidad, comodidad y abaratamiento de los costes de transporte que comportan entre otras cosas el acceso al turismo de una nueva clase media, burguesa, que empieza a disfrutar de los placeres hasta entonces reservados a la clase aristocrática. En consecuencia y para satisfacer dicha demanda emergieron de multitud de iniciativas y ofertas turísticas vinculadas por ejemplo al montañismo, al reposo, a la salud o incluso a los viajes exóticos coincidiendo con el descubrimiento de los europeos de las fuentes del Nilo, en 1858, o de la antigua Troya en 1870.

Paralelamente el incipiente avance de las libertades cívicas – aunque lento y escaso- permitió un aumento de la alfabetización de las mujeres que contribuyó a su vez a introducirlas en el mercado del turismo. Así aparecieron las primeras mujeres viajeras a destinos hasta entonces propiedad exclusiva de hombre[52] y poco más tarde guías

---

[51]Karl Marx y Friedrich Engels, *Manifiesto Comunista*, Madrid, Editorial Ayuso, 1975.

[52] Margaret Fuller, una escritora norteamericana cuyo trabajo personificaba el turismo de clase alta de mediados del siglo, pasó varios años en Europa, enviando informaciones mientras cubría la revolución de Italia de 1848, ver en Margaret Fuller, *These Sad but Glorious Days: Dispatches from Europe, 1846-1850*, Yale University Press, New Haven, Connecticut, 1991. En esta misma línea se pueden ver otros casos en Cristina Morató, *Viajeras intrépidas y aventureras*, Plaza y Janés, 2007 donde relata las peripecias de las primeras aventureras "llevadas por el *demonio* de la curiosidad".

turísticas específicamente destinadas a ellas[53]. Aunque muy lentamente de forma progresiva un número mayor de mujeres de clase media empezaba a viajar; a mediados de la centuria las residencias de estudiantes femeninas se habían establecido en Inglaterra y Estados Unidos y las innovaciones tecnológicas y culturales se suman al proceso de facilitar el acceso de las mujeres al placer de los viajes y la cultura. A finales del XIX la mujer definitivamente se va incorporando a un fenómeno que hasta entonces había sido netamente masculino.

Además del ferrocarril los barcos de vapor[54] fueron igualmente decisivos en la primera industrialización del turismo. Inglaterra ofrece por primera vez travesías trans-oceánicas dominando el mercado marítimo en la segunda mitad del siglo XIX, favoreciendo las corrientes migratorias europeas a América. Es el gran momento del transporte marítimo y las compañías navieras: crece exponencialmente con los barcos tipo *clíper*, se crean líneas navieras de lujo que conectan ambos continentes y se inaugura el Canal de Suez en 1869[55]. Ya en 1890 el tiempo de travesía del Atlántico a seis días.

La red de ferrocarriles y rutas de navegación fue acompañado paralelamente por un incremento de la red de carreteras en muy pocas décadas.[56] La popularización del automóvil en los años 20 facilitó el

---

[53] Véase Madame Hagen, "La femme explorateur" publicada en 1899.

Ver en http://www.marievictoirelouis.net/index.php?id=140&auteurid=1075

[54] Inventados en 1807 por Robert Fulton.

[55] No deja de ser curioso que Saint-Simon, considerado padre fundador del socialismo, hizo llegar una propuesta para hacer el canal en América. No se salió con la suya, pero años más tarde Enfantin, discípulo suyo, sí lo consiguió con el de Suez. Ver en Antonio Escohotado, *Los enemigos del comercio*, Vol. II, Barcelona, Espasa, 2017

[56] En Francia, por ejemplo, pasó de los 331.000 km en 1871 a los 539.000 de 1911. En 1903 Horatio Jackson realizó el primer viaje en automóvil a través de todo el país estadounidense. Ese mismo año se edita la primera guía Michelin coincidiendo y tres años más tarde, se celebra la primera carrera ciclista del Tour de France aprovechando las posibilidades de la amplia red de carreteras locales. En 1909 Alice Huyler-Ramsey, la esposa de veintidós años de un rico abogado, quien, acompañada por tres amigas, tardó 59 días en ir desde Nueva York a San Francisco en automóvil. Ver en Bertram M. Gordon, *El turismo de masas: un concepto problemático*

acceso a nuevos espacios y a la formación de nuevas rutas turísticas. Entre 1908 y 1927, Henry Ford vendería 15 millones del coche modelo T[57].

Por todo ello a principios del siglo XX el acceso al turismo había aumentado exponencialmente para los europeos y americanos de clase media y alta[58]. Como causa y consecuencia de ello la oferta se

---

en la historia del S. XX. Revista Historia contemporánea, 2002.

[57] No forma parte tampoco del objetivo de este libro analizar hasta que punto la sociedad de mercado satisface necesidades *naturales* o espontáneas o bien genera necesidades que pueda satisfacer. Respecto a ésta última perspectiva Walter Oswalt comenta que "el automóvil no llega por libre decisión de los consumidores a ser el medio de transporte masivo que es hoy. La libre decisión de los ciudadanos por sistemas de tráfico eficientes y tolerables para el ambiente ha sido y sigue siendo impedida. Por ejemplo, en USA las empresas de automóviles montaron las agujas hace decenios comprando sistemáticamente en las grandes ciudades las redes de tranvías que funcionaban bien, y desmontándolas a continuación". Ver en Walter Oswalt, "La revolución liberal: acabar con el poder de los consorcios", Sevilla, Thémata, 1999.

[58] A la expansión de la imaginación y curiosidad turística habían contribuido además una infinidad de novedades que nos es imposible reseñar en un libro de estas características. Solo para dar muestra de la enormidad de nuevas ventanas que se abrieron –respecto a las sociedades preindustriales- podemos tan solo apuntar aspectos tan diversos como los descubrimientos científicos en especialmente en geología de Thomas Lyell y en biología de Charles Darwin, cuyo libro titulado Origen de las Especies fue publicado en 1859; mejoras urbanas como la desaparición de los antiguos muros de las ciudades y la creación de nuevos espacios como la vienesa *Ringstrasse* comenzada en 1859 o la iluminación de las calles facilitó el turismo nocturno; la creación de iconos urbanísticos como la Tour Eiffel; el entusiasmo generado por Sir Richard Burton en la búsqueda de las fuentes del Nilo y su descubrimiento por John Speke en 1858-1859, la secuencia de descubrimientos arqueológicos que culminaron con las excavaciones de Heinrich Schliemann en la Antigua Troya (1871-1890) y Micenas (1876-1878), y la apertura de la tumba de Tutankamon en 1922; o fenómenos literarios como las obras de Julio Verne La vuelta al mundo en 80 días publicada en 1876; el primer viaje alrededor del mundo por Cook en 1871, que condujo a la organización de una carrera de la vuelta al mundo ampliamente publicitada en 1889-1890 en la cual Nelly Bly retaba a Elizabeth Bisland; la difusión de la música a través del fonógrafo y el estímulo para el crecimiento de la ópera y del turismo relacionado con ella a finales del siglo XIX y el XX. Los libros más

segmenta exponencialmente (turismo de sol y playa, gastronómico, de cruceros, etc.) en un crecimiento de tal magnitud que incluso la Unión Soviética crea en 1929 Intourist[59] para gestionar el turismo extranjero en primera instancia y el interno dentro de el bloque soviético pocos años después.

En 1937 la Liga de Naciones reconoce el crecimiento del turismo definiendo un turista como:

"alguien que viaja por placer, abandona su lugar de residencia habitual durante más de veinticuatro horas y menos de un año; siendo excursiones los viajes de menos de veinticuatro horas".

En 1938 el gobierno británico aprueba la ley "Vacaciones con paga" otorgando autoridad al Ministro de Trabajo para ayudar a negociar acuerdos voluntarios entre los sindicatos y los empleados a través de descuentos colectivos. En Junio de 1939, alrededor de once millones de trabajadores británicos que ganaban menos de 250 libras al año tuvieron derecho a unas vacaciones pagadas[60].

Turistas, coches, km de carretera, de vuelos, se cuentan ya por millones consiguiendo cifras que nos alejan ya de forma definitiva de la primera fase de la industrialización y nos acercan a una nueva fase de masificación del turismo propia del siglo XX, mucho más cercana ya a nuestra realidad cotidiana como veremos en el siguiente capítulo.

---

vendidos incluían los relatos del descubrimiento de las fuentes del Nilo y los reportajes del periodista Henry M. Stanley para encontrar al explorador David Livingstone en África. Bertram M. Gordon, *El turismo de masas: un concepto problemático en la historia del S. XX*. Revista Historia contemporánea, 2002.

[59] Ironías de la historia esta agencia estatal, creada por Stalin, forma parte en la actualidad del grupo corporativo Thomas Cook. Ver http://www.intourist.com

[60] Pimlott, J. A. R., 1976, *The Englishman's Holiday, A Social History*, Sussex, The Harvester Press Limited, 1976.

1.3 LA MASIFICACIÓN DEL TURISMO

La masificación del turismo llega propiamente con el período que se inicia tras la Segunda Guerra Mundial. Aunque los efectos del conflicto bélico se alargan aún unos años, la recuperación económica a mediados de los años 50, junto con la estabilidad política y económica generada por la Guerra Fría y la llegada del mercado común[61], contribuyen a un enorme crecimiento del turismo, de modo que entre 1950 y 1973 surge el conocido *boom* turístico.

Al crecimiento del mercado turístico contribuye evidentemente la consolidación en la mayoría de países occidentales de una sociedad del bienestar en la que un número de población sin precedentes[62] tiene cubiertas las necesidades básicas, el aumento del nivel *per cápita* de estas sociedades (con el engorde del estrato social de las clases medias). Igualmente crece exponencialmente el nivel básico de formación y se consolida una clase media con suficientes recursos económicos y culturales para empezar a interesarse en la realización de viajes por puro placer. El ingreso real per cápita aumentó hasta tal punto que un gran número de personas alcanzaron un nivel superior de consumo que sobrepasó a los productos básicos. En las sociedades occidentales al consumo turístico, hasta aquel momento limitado a hombres de clase

---

[61] Posteriormente Tratado de Maastricht en 1992 (libre tránsito de personas y mercancías, ciudadanía europea, etc...), entrada en vigor del Acuerdo de Schengen en 1995 con la eliminación de los controles fronterizos en los países de la UE.

[62] A ello contribuye la extensión del Estado del Bienestar y la aparición de los Servicios de Asistencia Social que mejoran la calidad y el nivel de vida de las clases *populares*, mejoras sociales concretas en el ámbito laboral como por ejemplo con la extensión del las vacaciones pagadas, la semana inglesa de 5 días laborales, la reducción de la jornada de 40 horas semanales o la ampliación de las coberturas sociales (jubilación, desempleo,...).

social con un alto nivel económico, se han incorporado definitivamente las mujeres[63] y las personas mayores, en un tránsito de sociedades preocupadas fundamentalmente por la satisfacción de las necesidades fisiológicas básicas a sociedades que dedican ingentes recursos de tiempo y dinero al consumo de servicios y bienes por puro placer.

El *fordismo* y el *taylorismo* contribuyen decisivamente a estandarizar los tiempos y los movimientos de los trabajadores (codificación de tiempos, ritmos, jornadas, periodos de vacaciones, derechos de descanso, etc...), se institucionaliza el tiempo de ocio, considerado complementario al tiempo de trabajo, al cual le surge en paralelo –causa y consecuencia- una oferta sistematizada, barata y estandarizada. La producción en masa de objetos del modelo fordista tiene su traslación en el turismo con la producción y consumo masivo de servicios turísticos. El turismo se empieza a "fabricar" o "producir" con los mismos patrones del sistema productivista dominante en esas sociedades y su rentabilidad –en términos estrictamente económico-financieros- dependerá progresivamente del abaratamiento relativo por unidad de compra sin importar a menudo las consecuencias sociales y o ambientales que ello pueda comportar –rentabilidad social.

Del mismo modo que en el período de industrialización anterior, las mejoras tecnológicas contribuyen por lo tanto con el abaratamiento de los costes de producción de automóviles que facilita el acceso masificado al uso del coche, la continua proliferación de carreteras y autopistas y, como no, mediante la sustitución del avión de hélice por el de reacción que desplazará definitivamente el transporte naviero relegándolo al turismo de crucero. La utilización de vuelos *chárter* y la ingente oferta de paquetes turísticos idénticos por parte de grandes *tour* operadores hace el resto, pasando de 25 millones de turistas en 1950 a los 190 que ya se contabilizan en 1973.

La rápida expansión del mercado turístico evidencia las primeras contradicciones del crecimiento ilimitado. Sea por falta de experiencia, por falta de planificación o por una mentalidad *economicista*

---

[63] En 1959, más mujeres que hombres viajaron fuera de los Estados Unidos, de acuerdo con las estadísticas de petición de pasaportes norteamericanas.

enfocada solo a la obtención de beneficios económico-financieros, pronto surgen las primeras evidencias de impactos medioambientales y sociales negativos[64] o muestras de posiciones dominantes de grandes operadores occidentales sobre el conjunto de países receptores de turismo.

En los 80 el desarrollo tecnológico sigue sin embargo su propio camino, por otro lado como siempre. Ahora se trata de mejoras significativas en la aviación[65], la aparición de los trenes de alta velocidad o la consolidación de los vuelos *chárter*. Mejoras en el transporte que combinadas con unas mejores perspectivas económicas en el mundo occidental vuelven impulsan una nueva expansión del mercado turístico con la creación de grandes grupos empresariales dedicados a la industria turística. Grupos definitivamente centrados total y plenamente a segmentar aún más el mercado buscando incesantemente nuevas formas de ocio turístico en forma de parques temáticos, turismo deportivo o directamente de actividades de riesgo.

La masificación es ya una realidad. El enorme aumento del turismo en la segunda mitad del siglo XX genera en consecuencia la aparición de la calificación de "turismo de masas", popularizado entre los años 1950 y 1970 cuando los turistas internacionales doblaban en número cada siete años[66]. Entre 1950 y 1998 el número de turistas internacionales había aumentado veinticinco veces, pasando de 25 a 650 millones[67].

---

[64] La crisis energética de los años 70 y la inflación generada en el transporte contribuye además a la carrera para reducir precios a costa en muchos casos de cualquier consideración respecto a la calidad, urbanismo o trato respetuoso con el entorno ambiental.

[65] Nuevos y mejores aviones como el *Concorde* o el *Túpolev*.

[66] Florence Deprest, *Enquête sur le turisme de masse. L'écologie face su territoire*, Belin, Paris, 1997, pp. 6-7, y Marc BOYER, *Histoire du turisme de masse*, Presses Universitaires de France, Paris, 1999, p. 5, citados en Bertram M. Gordon, *El turismo de masas: un concepto problemático en la historia del S. XX*. Revista Historia contemporánea, 2002.

[67] Alain Mesplier y Pierre Bloc-Duraffour, *Le tourisme dans le monde*, Bréal, Rosny (France), 2000, p. 29. Citado en Bertram M. Gordon, *El turismo de masas: un concepto problemático en la historia del S. XX*. Revista Historia contemporánea, 2002.

Se estima que en 1997 se realizaron unos cuatro mil millones de viajes turísticos en el mundo[68]. Con el cambio de milenio, el turismo mundial había alcanzado uno de los mayores intercambios de dinero como categoría industrial, con facturas de turismo internacional estimadas en el ocho por ciento del valor del total del comercio mundial, igual a la proporción generada por los hidrocarburos[69]. Las visitas turísticas registradas por la *World Tourist Organization* (WTO) mostraron un número total de llegadas internacionales que habían alcanzado en el 2000 el récord de 698 millones[70]. La factura de turismo internacional en el 2000 se elevó en Estados Unidos hasta 476 mil millones de dólares[71].

A finales del siglo XX el turismo forma parte ineludible de cualquier agenda política estatal obligando a desarrollar políticas públicas específicas, sea para promocionarlo, regular su estacionalidad, para tratar de corregir sus impactos más negativos o en el mejor de los casos para procurar que sea motor de desarrollo económico en beneficio colectivo.

En la actualidad el turismo es uno de los sectores económicos con mayor crecimiento en los últimos 60 años junto con todo lo vinculado a la tecnología digital. Sólo en la década que va de 1997 a 2007, y en lo que se refiere al turismo internacional, el número de viajeros anuales pasó de 594 millones a 898[72]. El incremento exponencial es especialmente relevante además por la capacidad que ha tenido para superar crisis tan relevantes como el impacto de los atentados del 11 de septiembre de 2001 en los Estados Unidos, que

---

[68] Ídem.

[69] Alain Mesplier y Pierre Bloc-Duraffour, *Le tourisme dans le monde*, Bréal, Rosny (France), 2000, p. 51. Citado en Bertram M. Gordon, *El turismo de masas: un concepto problemático en la historia del S. XX*. Revista Historia contemporánea, 2002.

[70] "El turismo en el cambio de siglo está creciendo más rápido incluso que nuestras predicciones más optimistas", dice el Secretario General de la WTO Francesco Frangialli.

[71] Organisation Mondiale du Tourisme: Informe, «Millennium Tourism Boom 2000», Madrid, 31 de enero de 2001: http://www.astrium.com/flash_infos/omt/omt.htm.

[72] Ver en: http://statistics.unwto.org/content/compendium-tourism-statistics.

atacó directamente su línea de flotación, el transporte aéreo[73], o el encarecimiento del petróleo[74].

China fue el país cuyos ciudadanos realizaron los mayores gastos en turismo internacional en 2012, alcanzando 102 mil millones de dólares, superando a Alemania y los Estados Unidos, países que por varios años ocuparon los primeros lugares. China y los mercados emergentes han incrementado en forma significativa sus gastos en turismo, con Rusia y Brasil como ejemplos destacados que han subido varias posiciones en la clasificación de países que más gastan en turismo en el exterior.

Sea como sea las llegadas de turistas internacionales alcanzaron un récord de más de 1000 millones de turistas por primera vez en la historia en 2012. Los desplazamientos internacionales se multiplicaron 50 veces en los últimos 60 años, en 2009 se duplicaron respecto a 1989. Los países periféricos aumentaron su participación en el mercado del turismo global un 30% en 15 años, llegando casi al 50% y la Organización Mundial del Turismo prevé para el 2030 1800 millones de viajeros, el doble que en 2009 y 90 veces más que en 1948. El Secretario General de la Organización Mundial del Turismo, Taleb Rifai, afirmó que la revolución del turismo se suma a la de las tecnologías y a la urbana, con el dato simbólico alcanzado en 2013 con más habitantes viviendo en ciudades que fuera de ellas. En efecto, el turismo es una de las pocas industrias que crece en todos los países occidentales. Globalmente, la industria del turismo se puede equiparar a la del petróleo y su valor se encuentra entre 2 y 6 billones de dólares,

---

[73] "Tras este atentado el transporte de pasajeros cayó sustancialmente. Se calcula que en el 2002 las compañías aéreas norteamericanas dejaron de ganar unos 58.000 millones de euros, y las europeas unos 7.000. En el 2003 el sector ya se había recuperado" en Buades, J. Cañada E. y Gascón J. *El turismo en el inicio del milenio: una lectura crítica a tres voces*. Madrid, Foro de Turismo Responsable, Red de Consumo Solidario, Picu Rabicu y Espacio por un Comercio Justo, 2012.

[74] "En un contexto amenazado por el temido *Peak-Oil* o Pico de Hubbert, el precio del crudo se incrementó un 1000% entre 1998 y 2010: el barril pasó de aproximadamente 10 a 100 dólares. Y sin embargo, para ese mismo período, el número de viajes aéreos internacionales realizados aumentó más de un 500%: de 458 a 2.563 millones" Ídem.

con un creciente protagonismo de los países emergentes como Brasil, Rusia, India y China, con una aportación de más de 300 millones de nuevos turistas.

En resumen: la accesibilidad del turismo a amplios sectores de la sociedad; un nuevo orden internacional; un cierta estabilidad social; el desarrollo de la cultura del ocio en el mundo occidental y la globalización de personas, transportes y capitales impulsaron el turismo hacia la masificación hasta cotas del todo desconocidas. El turismo es ya uno de los fenómenos de mayor repercusión económica, social, cultural y territorial en todo el mundo. A principios del XXI el reto es por lo tanto como garantizar el derecho del turismo sin que ello implique un coste inasumible en términos medioambientales y o sociales.

Cuando parecía que la industria estaba en pleno desarrollo y los retos a los que debía enfrentarse suficientemente claros, surge una nueva forma de operar en la industria del turismo que lo cuestiona todo: las plataformas digitales. Si el siglo XIX es el de la industrialización del turismo y el XX el de su masificación podemos decir que con el XXI iniciamos la era de la digitalización donde las plataformas digitales irrumpen con fuerza. A ello nos referiremos en el siguiente capítulo.

1.4 LA EMERGENCIA DE LAS PLATAFORMAS DIGITALES

A la dinámica propia de crecimiento del turismo se le suma en el primer decenio del siglo XXI la aparición de las plataformas digitales aplicadas al turismo. En una plazo cortísimo de tiempo las plataformas digitales han transformado radicalmente y de manera inevitable el turismo tal y como lo conocimos a lo largo de la segunda mitad del siglo XX. Airbnb por ejemplo, fundada en 2008 comercializa en una década más de 3.000.000 de anuncios, en más de 190 países con una base de usuarios superior a los 160 millones[75].

Ya en el año 2000, Jeremy Rifkin señalaba el inicio de la era del acceso[76] donde la gente, abandonaría progresivamente la idea de la posesión, del tener, para adentrarse en la compra del acceso a experiencias vividas, hecho que comportaría que las nuevas industrias que dominarían la economía global serían "las industrias de las nuevas experiencias" vinculadas por ejemplo al turismo o la cultura. Y es que prácticamente todas las actividades que uno puede desarrollar fuera de su entorno familiar se han convertido en experiencias de pago. Para Rifkin en la economía del acceso comprar cosas en los mercados y tener propiedades deviene algo obsoleto, dado que lo que se impone como norma es el acceso "puntual" a casi toda clase de servicios a través de las inmensas redes comerciales que operan en el ciberespacio. Ha llegado un momento en que pagamos más por la experiencia de usar cosas en forma de suscripciones, cuotas de ingreso y anticipos de pago que por las cosas en sí mismas. En todas partes las empresas venden sus propiedades y reducen su inventario, arriendan sus

---

[75] https://www.airbnb.es/about/about-us

[76] Jeremy Rifkin, *La era del acceso*, Barcelona, Paidós, 2000.

equipamientos y subcontratan las actividades: se vuelven "ingrávidas". La posesión de bienes físicos, antaño considerada un activo valioso, es contemplada por Rifkin, en el ámbito empresarial, como una desventaja. La aventura capitalista, que comenzó con la mercantilización de bienes y la tenencia de propiedades, llega a su culminación con la mercantilización del tiempo y la experiencia humana. Y de ahí a un sistema sustentado en la venta de la propia experiencia cultural sólo hay un paso. Los viajes y el turismo global, las ciudades y los parques temáticos, la moda y la cocina, los juegos y los deportes, la música, el cine, la televisión e incluso las causas sociales están convirtiéndose rápidamente en el centro de una economía cuyo objetivo comercial básico son los recursos culturales[77].

Para algunos la emergencia espectacular de las plataformas digitales ha representado para algunos la democratización definitiva del turismo: facilitando el acceso a millones de personas, aportando una nueva forma de economía *colaborativa* o incluso abriendo una nueva *era* caracterizada por la superación del capitalismo tal y como lo conocemos en la actualidad[78]. Para otros sin embargo solo se trata de una etapa más del capitalismo en un proceso del todo negativo de mercantilización de la ciudad y de todo lo que nos rodea que arrancó con la primera industrialización. Ciertamente los límites y usos de los términos economía colaborativa o *sharing economy* están en plena fase de debate de modo que puede variar sustancialmente en función del posicionamiento institucional e ideológico del emisor. Veamos

---

[77] De ahí que Rifkin acabe advirtiéndonos que cuando la economía absorbe a la cultura, sólo quedan los lazos económicos para mantener unida a la sociedad. La gran pregunta de nuestro tiempo para algunos –o la gran amenaza-es entonces saber si la civilización podrá sobrevivir cuando la esfera comercial quede como único árbitro de la vida humana. Por ello probablemente David Harvey –y tantos otros en tonos más o menos apocalípticos- reivindica en este sentido la imperiosa necesidad de mantener espacios no mercantilizados, como por ejemplo el ámbito de la cultura popular. Ver en David Harvey, *Ciudades rebeldes.* Madrid, Akal, 2013

[78] Paul Mason, *Postcapitalismo*, Barcelona, Paidós, 2016.

brevemente los rasgos principales de ambas posiciones acerca de sus bondades o negatividades.

Perspectiva positiva de la economía colaborativa

Aunque el término economía colaborativa[79] está en plena discusión sobre lo qué significa, lo que abarca y por lo tanto sus límites conceptuales de aplicación, podemos numerar algunos de los conceptos a los que suele asociarse: economía del compartir y consumo colaborativo[80], *crowfunding* y banca *peer to peer[81]*, conocimiento abierto[82], productores, fabricantes y diseño abierto[83], gobierno abierto y horizontal[84].

---

[79] El término economía colaborativa parece que fue acuñado por primera vez por Ray Algar en el artículo del mismo título publicado en el boletín Leisure Report de abril de 2007. El concepto de consumo colaborativo empezó a popularizarse en 2010 con la publicación del libro *What's Mine Is Yours: The Rise of Collaborative Consumption* de Rachel Botsman y Roo Rogers donde se desarrolla la idea según la cuál el acceso a bienes y servicios está cada día menos condicionado a la propiedad de los mismos.

[80] El consumo colaborativo se define por la circulación de productos y servicios entre individuos a través del intercambio, permuta, comercio, alquiler, préstamo o donación, fomentando el acceso a la propiedad y reduciendo el desperdicio.

[81] Permite la circulación de capital entre individuos para financiar proyectos creativos, sociales y empresariales más allá de las instituciones de crédito tradicionales.

[82] Permite a cualquier persona utilizar libremente, reutilizar y redistribuir el conocimiento como contenido, datos, código o diseños. Este principio es el fundamento de la producción basada en los bienes comunes (como el software libre, los bienes comunes creativos, la ciencia abierta,...), así como la educación abierta, los datos abiertos y la gobernanza abierta.

[83] El diseño y la fabricación abiertos democratizan el proceso de diseño, producción y distribución de bienes físicos combinando el conocimiento abierto con las infraestructuras

El turismo ciudadano y sus enemigos

Para sus mayores defensores se trata de un modelo económico basado en comunidades de personas, organizadas alrededor de plataformas digitales –aunque puede ser también *off-line* en espacios de en espacios compartidos como *fab-labs* y espacios de *coworking*- que pueden obtener lo que necesitan unas de las otras, con intercambio de dinero o sin él. La colaboración se define así como la interacción existente entre dos o más sujetos, a través de medios digitalizados o no, que satisface una necesidad real o potencial, de una o más personas. La economía colaborativa (o *sharing economy*) se define así como aquellas prácticas y modelos de negocio basados en redes horizontales y en la participación de una comunidad de usuarios. Sus fundamentos teóricos se vinculan a la idea de un poder distribuido y al poder de la confianza entre usuarios al margen que sustituye el poder de las directrices que establecen las organizaciones empresariales –consideradas tradicionales y con un poder centralizado- difuminando así las líneas entre productor y consumidor.

En su versión más entusiasta las comunidades colaborativas se encuentran e interactúan en redes en línea y/o plataformas *peer-to-peer*, así como. las plataformas digitales establecen un marco abierto y dinámico donde los usuarios pueden interactuar entre ellos y/o con la misma plataforma adoptando paralelamente o simultáneamente varios roles (vendedor, comprador, prestatario, prestador...). Los sistemas de evaluación entre usuarios actúan como sistema de garantía dado que los usuarios deben adquirir reputación digital fundamental para generar la confianza necesaria para seguir llevando a cabo la actividad que deseen. Obviamente cuanto mayor sea el número de usuarios de la plataforma digital mayor valor tendrá la reputación y la confianza digital obtenida.

---

distribuidas. Ellos dependen de herramientas, espacios, comunidades y mercados y son alimentados por el movimiento creador, la cultura de *hacking* y *Do-It-Yourself* (bricolaje).

[84] La gobernanza abierta y horizontal están transformando las organizaciones, los servicios públicos y la acción cívica. Entre los ejemplos más habituales que se incluyen figuran las plataformas de participación cívica, los presupuestos participativos, las iniciativas gubernamentales abiertas, las cooperativas, las redes de valor abierto, las organizaciones horizontales, los *swarms*, las do-ocracias y las holacracias.

Desde ésta perspectiva la economía colaborativa, a través de redes y de plataformas digitales, supone una clara disrupción, la emergencia de nuevos hábitos de consumo, de nuevas maneras de relacionarse, de intercambiar y de monetizar habilidades y/o bienes económicos que representan un profundo cambio cultural y económico. Así, en la perspectiva más entusiasta los individuos sustituyen –complementan, en su versión menos entusiasta- a las empresas en su rol de agentes económicos productores de oferta. Por ello hay quien prefiere utilizar el término "prosumidor" para definir el nuevo rol del individuo que produce y consume a la vez, contribuyendo a crear un mercado horizontal, de individuo a individuo, entre iguales. Así se considera que la economía colaborativa empodera a los ciudadanos en la medida que permite que generen actividad económica de manera individual más allá de las relaciones asalariadas en empresas;

Igualmente se considera que la relación *peer-2-peer* genera un tipo de experiencias más genuinas, más directas, sin intermediarios, sin la artificialidad del marketing corporativo. La reputación, la percepción de la transacción de quien recibe (la demanda), sustituye a la publicidad corporativa tradicional como elemento clave en la comunicación de la oferta. Revaloriza la confianza entre personas como factor clave para el intercambio, impulsa la colaboración entre personas más allá de las marcas tradicionales y supone en este sentido el paso de un escenario de consumismo individualizado hacia nuevos modelos colectivos.

Por otro lado, el potencial de internet disminuye las barreras de entrada y permite la proliferación de propuestas de conocimiento abierto o de financiación colectiva (o *crowd-funding*) allí donde los mercados tradicionales intentan protegerse o mantener los privilegios monopolísticos. Y es que la facilidad a través de plataformas digitales para compartir e intercambiar bienes y servicios y optimización de recursos inactivos, *marketplaces* de segunda mano, reutilización de excedentes y/o capacidades ociosas crean mercados nuevos o bien reimpulsan a los existentes, colisiona con los mercados tradicionales basados en una oferta programada y/o planificada centralizadamente en una dinámica clásica del modo de producción capitalista donde una innovación resquebraja el mercado tradicional, generando tensiones hasta que lo nuevo se acepta y se crea su pertinente cauce regulatorio hasta que una nueva innovación altere el mercado.

Perspectiva negativa de la economía colaborativa

Aunque suele ondearse la confianza −entre personas, entre particulares− como factor de éxito incluso oponiéndolo al dinero parece evidente que justamente en un contexto de crisis y/o recesión la economía colaborativa se ha extendido rápidamente en la medida que permite ahorrar dinero, ganarlo o compartir y/o cubrir costes directos. Que en algunos casos el precio desaparezca y se imponga el trueque o el intercambio no elimina su motivación económica de modo que para sus detractores la economía colaborativa es una forma más de consumir y de establecer relaciones comerciales.

Se trata de empresas mercantiles que explotan las oportunidades de negocio de la economía digital para ofrecer un servicio de plataforma donde particulares y/o empresas establecen relaciones comerciales o de intercambio clásicas del modelo económico capitalista. La economía colaborativa es una evolución típica del capitalismo creando nuevos segmentos de mercado mediante una innovación tecnológica que rompe los monopolios existentes. La disrupción provoca además un cierto limbo normativo que perjudica a todos los agentes tradicionales.

Entre sus críticos se dice que más que una disrupción es una evolución lógica del capitalismo en la medida que mediante una innovación tecnológica se derrumba un monopolio existente para crear nuevos, que en realidad se trata del mismo comportamiento económico de siempre potenciado con nuevas herramientas tecnológicas. Bajo esta perspectiva la economía colaborativa no es un sistema en sí mismo, simplemente se refiere a la manera tradicional de compartir, intercambiar, prestar, alquilar o regalar redefinida a través de las tecnologías de la información y la comunicación.

La economía colaborativa sería por lo tanto un paso más en la era del consumismo desaforado. Es simple innovación empresarial en el mercado tradicional del capitalismo; Al fin y al cabo el precio, su reducción que permite el acceso, es la clave de su éxito y lo que permite aumentar aún más el acceso a bienes y servicios. Es una falacia hablar por lo tanto de redes *peer-to-peer* cuando simplemente se produce un intercambio económico entre dos personas (proveedor-cliente) donde la empresa propietaria de la plataforma tiene el control absoluto del mercado (*marketplace*). En la perspectiva negativa la economía colaborativa en realidad aumenta el consumo: su objetivo es facilitar el acceso a cualquier bien o servicio, en cualquier lugar y en cualquier momento; la economía colaborativa empodera empresas con beneficios multimillonarios, que comparten con sus accionistas como cualquier otra empresa capitalista; la economía colaborativa precariza el mercado de trabajo reduciendo la actividad económica al individuo ya su creatividad: la economía colaborativa no habla de derechos laborales ni de política[85], sólo de marcos reguladores para que las empresas sigan creciendo.

La economía colaborativa por lo tanto lejos de representar una superación del capitalismo es el paradigma del capitalismo en sí mismo: si no tienes un móvil de última generación no puedes formar parte de ella. La economía colaborativa no es más que la extensión del sector de las empresas de tecnología. Al fin y al cabo, el acceso también es una forma de propiedad: *adquieres* tiempo, momentos, experiencias. Cambian los nombres pero es la misma dinámica comercial de siempre; se demoniza lo individual frente a lo colectivo, lo compartido, cuando su éxito se basa en el empoderamiento individual.

Sea como sea, se valoren su aspectos positivos o negativos, lo incuestionable es que han irrumpido con tanta fuerza y rapidez que forman parte de nuestra realidad. Su vertiginoso crecimiento y su impacto en la realidad social y económica urbana probablemente explican en parte algunas de los reacciones propias del discurso *antiturismo* parecidas por otro lado a algunas reacciones de los *luditas* ante el impacto creado por las primeras máquinas y sus efectos sobre la

---

[85] Se dice que la economía colaborativa significa la superación de las instituciones por la confianza. No deja de ser curioso que una de sus principales promotoras haya estudiado en instituciones de tanto calado como Oxford University o Harvard y sea reconocida por el *World Economic Forum*. Más bien parece una carrera *colaborativa* con las grandes instituciones del escenario económico global.

productividad en el tránsito de la sociedad estamental a la industrial. Pero antes de entrar en los elementos del discurso *anti-turismo* puede ser útil reseñar brevemente los beneficios asociados habitualmente al turismo.

1.5 LOS BENEFICIOS DEL TURISMO

A finales de 2012, al superarse el umbral de los 1000 millones de turistas, en la presentación de la campaña "mil millones de turistas, mil millones de oportunidades", el secretario general de la Organización Mundial del Turismo (OMT), Taleb Rifai, señalaba que "cada turista representa una oportunidad para alcanzar un futuro más justo, más integrador y más sostenible".

En términos globales se considera que el sector del turismo y los viajes creció un 3,3% en el año 2016, generando 7,6 billones de dólares. Cifra que supone el 10% del PIB mundial si se tiene en cuenta el impacto directo, indirecto e inducido. Todo ello convierte la turística en la mayor industria legal del mundo[86]. Según la OMT el volumen de sector turístico en el 2003 ya representaba aproximadamente el 6% de las exportaciones mundiales de bienes y servicios; esta cifra representaba el 30% de la exportación de servicios. Estos flujos económicos debidos al turismo afectan tanto en términos macroeconómicos como microeconómicos tanto en las zonas emisoras como en las receptoras (aunque especialmente en éstas).

Ciertamente una de las críticas recurrentes aborda la desigualdad en la distribución de los beneficios del turismo que no suele reflejar los datos macroeconómicos. Así el mientras el PIB puede crecer el nivel de vida no lo hace. Como se sabe ello de debe en parte a que indicadores macroeconómicos como el citado PIB reflejan los beneficios monetarios que se producen en un territorio, pero no dicen nada de si esos beneficios se quedan en el país o "emigran"[87]. Y es que

---

[86] Por detrás solo de otras actividades directamente ilegales como pueden ser el tráfico de drogas o la prostitución. Ver en: http://www.businesspundit.com/the-worlds-most-lucrative-business-markets/

el PIB es un indicador que, además de no diferenciar entre beneficio local y foráneo, también se desentiende de cómo se distribuye la riqueza que se queda en el país[88]. Igualmente parece conveniente recordar la ineficacia del PIB en la medida que incorpora en sus cálculos parte de los costos de inversión y funcionamiento[89] como indicadores de beneficio y crecimiento económico[90].

---

[87] En la República Dominicana por ejemplo el turismo pasó de suponer prácticamente el 0% del PIB nacional a mediados de los 80 al 7,6% dos décadas después, convirtiéndose en la actividad económica más dinámica del país junto con el desarrollo de las zonas francas. Durante la década pasada, el turismo fue el sector que generó más volumen económico. Sin embargo, en este mismo periodo cayó del puesto 87 al 98 en la relación de países por su Índice de Desarrollo Humano (indicador elaborado por el PNUD que mide el nivel de vida de la población de un país), cuando de acuerdo con su PIB tendría que ocupar el lugar 85. Y su índice Gini, que determina el nivel de desigualdad económica, se mantenía especialmente alto. Ver en: Buades, J. Cañada E. y Gascón J. *El turismo en el inicio del milenio: una lectura crítica a tres voces*. Madrid, Foro de Turismo Responsable, Red de Consumo Solidario, Picu Rabicu y Espacio por un Comercio Justo, 2012.

[88] Volviendo al caso dominicano, diversos informes del PNUD publicados en los últimos años han evidenciado que el porcentaje de población que vive bajo el nivel de pobreza es mayor en las dos provincias en las que se concentra el turismo que en el resto del país. Aunque en estas provincias los ingresos medios son superiores, tales ingresos acaban concentrados en pocas manos. Ver en: Ídem.

[89] Y es que parte del gasto público y privado se destina a cubrir las consecuencias negativas del proceso productivo: gastos de sanidad dirigidos a paliar los efectos de la contaminación, gastos de la industria para reducir sus efectos contaminantes, gastos de construcción de infraestructuras para la gestión de residuos...

[90] No refleja como gasto determinados costos necesarios para el funcionamiento de la industria turística o incluso puede llegar a contabilizarlos como beneficios, por ejemplo, el sistema de recogida y tratamiento de residuos, infraestructuras para el tratamiento del agua, construcción de infraestructuras necesarias para el desarrollo turístico -aeropuertos, puertos deportivos, etc-, seguridad o todo aquello que requiere el desarrollo turístico, mayor que el que se necesitaría si este sector no existiese en una determinada localidad. Aunque tales requerimientos los cubren empresas privadas, como éstas obtienen beneficios por sus servicios, sus ganancias se consideran también beneficios del sector en la CST. Aunque, obviamente, para quien los

El turismo ciudadano y sus enemigos

Desde una perspectiva económica el beneficio más obvio e inmediato del turismo es la creación de puestos de trabajo, la oportunidad por lo tanto que los ciudadanos trabajen directamente en él para incrementar sus ingresos de forma exclusiva o complementaria y en consecuencia su nivel de vida. En la medida que sea así el turismo puede tener un efecto multiplicador y equilibrador contribuyendo a reducir diferencias económicas excesivas o desigualdad de oportunidades entre la población. El sector aglutinó un total de 292 millones de puestos de trabajo en 2016, uno de cada diez puestos de trabajo de todo el mundo.

Además, el dinero gastado por los visitantes extranjeros supusieron un total del 6,6% de las exportaciones globales totales y casi el 30% del total de exportaciones de servicios en todo el mundo. Aunque sujeto habitualmente a una fuerte estacionalidad[91], el empleo en el sector turístico suele beneficiar indirectamente la generación de empleos en otros sectores como la agricultura, artesanías, industria alimentaria, transporte, etc., debido al incremento de la demanda de productos alimenticios, *souvenirs* y de otro tipo de bienes. De este modo la cifra que aumentaría a una proporción de 1 a 7 si consideramos los indirectos.[92]

---

sufraga (las instituciones públicas o los ciudadanos) supone un coste.

[91] Una de las críticas recurrentes por ejemplo se refiere a las cifras de creación de puestos de trabajo en el sentido de remarcar la precariedad de ellos en muchos casos. Si bien es cierto que el turismo contribuye económicamente a una comunidad gracias a la creación de puestos de trabajo, este generalmente es desigual, generando conflictos o actitudes de rechazo debido a la desigual distribución de beneficios. Si bien es cierto que el turismo genera un incremento de puestos de trabajo, la mayoría de los mismos son de muy baja cualificación generando en algunos casos más que situaciones de libertad o empoderamiento relaciones de dependencia. También hay que tener en cuenta que la mayor parte de los empleos que genera el turismo son inestables, ya que se trata de un sector fuertemente estacional y fluctuante. En este sentido parece incuestionable la presencia de representación sindical y de un activismo que reivindique acuerdos justos parece del todo necesario allí donde éstos brillan por su ausencia. Ernest Cañada, *Las que limpian los hoteles*, Barcelona, Icaria, 2015.

[92] Ver en: http://zh.wttc.org/-/media/files/reports/economic-impact-research/2015-

En la medida que la mayoría de los empleos derivados de la actividad turística sean ocupados por residentes locales puede contribuir a frenar tanto la emigración en general como el éxodo hacia las grandes urbes por la falta de trabajo existente en otros sectores en zonas despobladas. Ciertamente el turismo además ha favorecido a las generaciones más jóvenes especialmente en áreas más rurales del planeta debido a que generalmente son las más formadas y con mayor conocimiento de la sociedad occidental dentro de la comunidad así como a mujeres siempre en función del papel que hayan asumido en el seno de la industria turística[93].

Otro de los beneficios asociados al turismo tiene que ver con su capacidad para estimular la creación de nuevas infraestructuras y servicios. El hecho que una zona se convierta en un espacio de interés turístico puede requerir de adaptaciones –construcción de aeropuertos, mejoras en el transporte público, etc.- y mantenimiento del espacio público que redunden en una mejor calidad de vida de los residentes *permanentes*. Por ello se considera que el turismo genera inversión pública cercana al 10%[94], fundamentalmente asociada a la creación de infraestructuras de transporte, movilidad, comunicación, gestión de residuos para atender el creciente tráfico de turistas en todo el mundo..

---

documents/world-economic-impact-report-2015es.pdf?la=zh

[93] En esta línea es indudable que la participación de la mujer en actividades remuneradas fuera del hogar puede ser una herramienta necesaria para su empoderamiento y el turismo, al ser una actividad remunerada ha facilitado a las mujeres su independencia y autonomía financiera dentro del grupo familiar que conlleva a una mejora en su autoestima, puesto que permite romper los estereotipos de género en cuanto a su rol tradicional. Ver Buades, J. Cañada E. y Gascón J. *El turismo en el inicio del milenio: una lectura crítica a tres voces*, Madrid, Foro de Turismo Responsable, Red de Consumo Solidario, Picu Rabicu y Espacio por un Comercio Justo, 2012. Aunque pocos se atreverían a explicitar en público lo que ha supuesto el capitalismo para la liberación de la mujer respecto a las sociedades preindustriales

[94] Buades, J. Cañada E. y Gascón J. *El turismo en el inicio del milenio: una lectura crítica a tres voces*. Madrid, Foro de Turismo Responsable, Red de Consumo Solidario, Picu Rabicu y Espacio por un Comercio Justo, 2012.

Desde una perspectiva ambiental es obvio que el desarrollo turístico genera fuertes impactos en el medio ambiente (contaminación de ríos, acústica, pérdida de diversidad biológica, limitación de recursos naturales, etc...). Sin embargo el turismo puede aportar un valor económico tangible a los recursos naturales en la medida que genere ingresos directos provenientes de los gastos de los visitantes para invertir en conservación. Aunque la motivación por la protección del paisaje y de los recursos naturales se debe principalmente a la rentabilidad económica que estos generan al ser un objeto de atracción turística hay quien considera el turismo como una vía oportuna de compensación económica en términos de preservación y restauración ecológica[95]. Sea porqué su propio impacto en relación a la degradación ambiental incide directamente sobre su oferta y puede poner en peligro el mercado turístico o sea por convicción, lo cierto es que se han activado en los últimos años tanto organismos como convenciones (Agenda 21, ONU) para concienciar sobre la importancia de la conservación del entorno natural para el correcto del sector turístico y todos los ámbitos de la sociedad en general. Más específicamente el turismo de *naturaleza* y el ecoturismo, pueden beneficiar al medio ambiente directamente al favorecer políticas conservacionistas y contribuir a la reglamentación de la conducta respecto al medio ambiente tanto de los pobladores locales como de los turistas. Para otros autores sin embargo no hay más solución que el decrecimiento[96].

---

[95] En este sentido aunque el turismo favorezca la revalorización y/o recuperación de un monumento histórico o de una manifestación cultural, también puede ponerlos en peligro de deterioro al tender a aumentar el número de visitantes sin considerar la capacidad de carga de los recursos culturales. Buades, J. Cañada E. y Gascón J. *El turismo en el inicio del milenio: una lectura crítica a tres voces*. Madrid, Foro de Turismo Responsable, Red de Consumo Solidario, Picu Rabicu y Espacio por un Comercio Justo, 2012

[96] Para propuestas prácticas acerca del cambio climático pueden verse los artículos de Georges Monbiot en http://www.monbiot.com. En un intento de coherencia prometió viajar —solo una vez al año en avión. Ver en Georges Monbiot, *Calor: como parar el calentamiento global*, Barcelona, RBA, 2008. Ignoro si lo ha cumplido...

El turismo puede también tener un impacto positivo respecto al mestizaje de culturas, sea fomentando el interés y la valoración de los locales respecto a su propio patrimonio lingüístico, cultural o ambiental, sea contribuyendo a impulsar una cultura al mismo tiempo abierta a la importación de valores e innovaciones tanto sociales, políticas como tecnológicas[97]. Desde una perspectiva socio-cultural por lo tanto el turismo aporta beneficios colectivos en la medida que permite poner en contacto de forma pacífica diferentes culturas, fomenta un cierto intercambio de pautas de conducta, de formas de vida, de hábitos de diversa índole (gastronómicos, lingüísticos, estéticos, etc.). Por ello puede tener impactos positivos en la capacidad por ejemplo de superar ciertas *barreras* mentales, prejuicios y estereotipos, que a partir de la constatación de diferencias permitan no solo tolerar distintas formas de vida sino valorar la diversidad. De la misma forma que sin paz el turismo no puede existir[98], este puede ser un instrumento útil para consolidar sociedades maduras capaces de comprender la complejidad y aprender a resolver los conflictos ineludibles de la convivencia social de forma pacífica. En este sentido y en la medida que contribuya a un mejor conocimiento de otras sociedades, de mentalidades variadas, el turismo puede contribuir a aumentar la tolerancia entre personas y culturas siendo útil para evitar la proliferación de movimientos racistas y/o xenófobos, justamente cuando éstos basan precisamente en malentendidos culturales o

---

[97] No está exento de conflicto el hecho de que las políticas y medidas conservacionistas pueden generar conflictos en una comunidad cuando suponen un conflicto entre la conservación y el uso tradicional de los recursos naturales por parte de la población local. Buades, J. Cañada E. y Gascón J. *El turismo en el inicio del milenio: una lectura crítica a tres voces.* Madrid, Foro de Turismo Responsable, Red de Consumo Solidario, Picu Rabicu y Espacio por un Comercio Justo, 2012

[98] Desde que los conflictos armados se consolidaron en países como Egipto, Turquía o Túnez, el turismo sufrió enormes descensos. Ver en http://internacional.elpais.com/internacional/2015/06/04/actualidad/1433422612_776948.html. Incluso una ciudad como París se ha resentido debido a los atentados confirmando una vez más que el turismo y paz van de la mano.

directamente causados por el nivel de desconocimiento respecto al otro, al diferente, *al que no es de aquí.*

Además de los beneficios colectivos económicos, medioambientales o socioculturales, el turismo aporta también un claro beneficio individual. Al fin y al cabo el turismo es un viaje no forzoso, voluntario, orientado a generar satisfacción personal, placer en su sentido más amplio tal y como comentamos al principio. Quizás por ello la Declaración Universal de los Derechos Humanos[99], estableció las bases para un futuro reconocimiento del turismo como derecho: "Toda persona tiene derecho a circular libremente y a elegir su residencia en el territorio de un Estado"; "Toda persona tiene derecho a salir de cualquier país, incluso el propio, y a regresar a su país"[100] y "Toda persona tiene derecho al descanso, al disfrute del tiempo libre, a una limitación razonable de la duración del trabajo y a vacaciones periódicas pagadas"[101]. Más recientemente la OMT[102] impulsó la noción del turismo como derecho en el Código Ético Mundial para el Turismo[103]:

"La posibilidad de acceso directo y personal al descubrimiento de las riquezas de nuestro mundo constituirá un derecho abierto por igual a todos los habitantes de nuestro planeta. La participación cada vez más difundida en el turismo nacional e internacional debe entenderse como una de las mejores expresiones posibles del continuo crecimiento del tiempo libre, y no se le opondrá obstáculo ninguno" y "El derecho al turismo para todos debe entenderse como consecuencia del derecho al descanso y al ocio, y en particular a la limitación

---

[99]Aprobada por la Asamblea General de las Naciones Unidas en 1948 http://www.un.org/es/universal-declaration-human-rights/

[100] Artículo 13.

[101] Artículo 24.

[102] Organismo de las Naciones Unidas encargado de la promoción de un turismo responsable, sostenible y accesible para todos.

[103] Explicitado en el artículo 7 ver en: http://ethics.unwto.org/es/content/codigo-etico-mundial-para-el-turismo-articulo-7

razonable de la duración del trabajo y a las vacaciones pagadas periódicas"

No falta sin embargo quien considera que "la consideración del turismo como derecho ayuda a legitimar la presencia de la OMT en la estructura de Naciones Unidas, así como a defender los intereses del capital turístico, a los que la organización está estrechamente vinculada"[104], en definitiva una clásica estrategia capitalista de tipo corporativista más o menos oscura de la OMT para aumentar su poder en el mercado[105].

Ésta misma perspectiva radicalmente crítica con la industria turística denuncia igualmente que "este turismo es parte de un modelo de consumo que ejerce menos del 20% de la población mundial, sólo es relativamente accesible en países del Norte, mientras que en la periferia entre el 80% y el 99% de su población queda excluido de su consumo. Es decir: una séptima parte de la población del planeta puede hacer turismo en las otras seis séptimas partes"[106].

Y es que parece incuestionable que pese a los beneficios anteriormente mencionados el turismo ha generado también impactos sociales y ambientales negativos[107] que deben resolverse cuanto antes. Pero más allá de críticas ambientales, de muestras de indicadores de cambio climático o flagrantes operaciones inmobiliarias en entornos protegidos sin ninguna consideración social y/o ambiental nos centraremos en los próximos capítulos a tratar de entender un nuevo

---

[104] http://www.raco.cat/index.php/RevistaCIDOB/article/viewFile/312821/402919

[105] Para una crítica contundente a la industria turística y a sus instancias representativas puede verse en Buades, J. Cañada E. y Gascón J., *El turismo en el inicio del milenio: una lectura crítica a tres voces*. Madrid, Foro de Turismo Responsable, Red de Consumo Solidario, Picu Rabicu y Espacio por un Comercio Justo, 2012.

[106] B. Duterme, "Expansion du tourisme international: gagnants et perdants", Alternatives Sud, Paris, Syllpese, vol. 13: 7-22. http://www.cetri.be/Expansion-du-tourisme?lang=fr

[107] Para una crítica contundente a la industria turística es ciertamente recomendable Buades, J. Cañada E. y Gascón J. , *El turismo en el inicio del milenio: una lectura crítica a tres voces*. Madrid: Foro de Turismo Responsable, Red de Consumo Solidario, Picu Rabicu y Espacio por un Comercio Justo, 2012.

discurso *anti-turismo* de corte fundamentalmente urbano que ha emergido en los últimos años.

2. RECHAZO AL TURISMO, RESISTENCIAS Y CONTRADICCIONES

Aunque su despegue comienza después de la II Guerra Mundial, el turismo se consolida como el principal sector económico del planeta en los inicios del nuevo siglo, convirtiéndose probablemente en la industria más paradigmática de la globalización económica.

El crecimiento exponencial no ha estado exento de impactos sociales y ambientales significativos entre los cuáles destaca su incidencia en el cambio climático[108]. En los próximos capítulos no nos referiremos sin embargo a las reacciones ecologistas o ambientalistas[109]

---

[108] Se han tratado de introducir criterios de sostenibilidad limitando en algunos casos la capacidad receptiva, tratando de racionalizar la oferta a la demanda (controlando por ejemplo la capacidad de aforo de monumentos, etc.), impulsando la diversificación de la oferta con nuevos productos y destinos, diversificando la demanda con nuevos perfiles de turistas y tipos de turismo) introduciendo la calidad como valor añadido diferenciando turismo *low cost* de turismo de calidad. Parece sin embargo que el esfuerzo no es suficiente de modo que urge ver de qué manera se reducen las emisiones de C02, ver no solo como el turismo puede ser sostenible sino como el modelo de crecimiento global no pone en serio peligro las condiciones de existencia de la humanidad y del planeta entero y especialmente como puede hacer compatible con el derecho al turismo.

[109] Para propuestas prácticas acerca del cambio climático pueden verse los artículos de Georges Monbiot en http://www.monbiot.com. En un intento de coherencia prometió viajar –solo–

respecto al turismo, ni tampoco a las cuestiones de tipo laboral, sino a un conjunto disperso de reacciones contra el turismo en las ciudades, una mezcla de resistencia anticapitalista y rechazo localista a la invasión turista que amenaza a la ciudad que ha emergido en ciudades occidentales como Nueva York, Barcelona o Londres, paradójicamente grandes emisoras de turistas hacia todas partes del planeta.

A veces se expresa mediante fórmulas de conservadurismo; otras adquiere tintes de clásico conflicto de interés sectorial entre nuevos y tradicionales operadores; otras como expresión de un movimiento de resistencia urbana anti-capitalista; otras como expresiones peligrosamente parecidas a actitudes xenófobas. Se trata de un discurso diverso y variado, más o menos organizado, que suele oponer turismo a ciudad y tiende a establece una relación de conflicto, dialéctico, entre el derecho al turismo y el derecho a la ciudad.

Algunas de las reacciones y resistencias propias del discurso *anti-turismo* son las que trataremos en los capítulos siguientes para tratar de entender qué las provoca, en qué medida tienen relación con el turismo o bien están conectadas con otro tipos de dinámicas socio-económicas o culturales, qué contradicciones contienen así como las amenazas que comportan para todo aquél que tenga vocación de construir una ciudad democrática, libre y abierta.

---

una vez al año en avión. Ver en Georges Monbiot, *Calor: como parar el calentamiento global*, Barcelona, RBA, 2008. Ignoro si lo ha cumplido.

2.1   YO NO SOY TURISTA

Ya hemos visto anteriormente que la historia de los viajes es tan antigua como la humanidad, que más recientes son los viajes masivos, de miles y millones de personas que se desplazan por el planeta con el objetivo de pasar unos días de vacaciones en un pueblo, ciudad o paraje alejado de su residencia habitual. Hemos constatado que en una sociedad bajo una economía capitalista como la nuestra el turismo ha pasado a ser un bien de consumo más. La evolución del capitalismo ha hecho que el sistema de mercantilización se introduzca definitivamente en nuestras vidas privadas convirtiendo el tiempo de ocio en una actividad económica más.

Las características propias de un modelo de producción *fordista* (estandarización de procesos, masificación, planificación, etc) se han aplicado al turismo generando un turismo *fordista*, convirtiendo el ocio turístico en un bien normalizado, masivo y desindentificado en una especie de producción masiva de servicios *mcdonalizados*[110].

Los primeros perjudicados por ello son todos aquellos que forman parte de la élite cultural porqué el viaje de ocio pierde aquella caracterización de antaño, la consideración del viaje como elemento de distinción de clase, desprovisto de su dimensión épica y romántica. Con la masificación turística, el viaje pierde definitivamente el sentido de aventura, de viaje iniciático pasando el viaje turístico a ser un proceso rutinario que se inscribe dentro de la racionalización, burocratización de la acción social y la estandarización de los tiempos de la producción y del consumo.

Puesto que así son las cosas no hay otra opción para el individualismo elitista que encontrar nuevas formas de expresar su

---

[110] George Ritzer, *La McDonalización de la sociedad*, Barcelona, Ariel, 1999.

distinción de clase[111] y una de ellas es contribuir a la demonización del turismo de masas. Así el adjetivo turista adquiere en nuestros tiempos una connotación negativa asociada a una sociedad estandarizada y masificada. El turista se visualiza como un individuo previsible, que recorre los lugares típicos sin darse cuenta prácticamente de nada, busca simplemente los estereotipos, las fotos de postal, no sabe distinguir un buen de un mal restaurante y termina siempre atrapado en un restaurante para *turistas*. El turista queda despojado de toda versión aristocrática, noble o digna de consideración.

Pero además de perder su condición de acto cultura, noble, el discurso *anti-turismo* acusa al turista de destruir la vida de los barrios, de degradar el ecosistema local del centros de las ciudades que visita, provocando que éstas se conviertan en parques temáticos. Si antaño el turismo de *élite* podía contribuir a salvaguardar la diversidad cultural o biológica del planeta, ahora el turismo es una amenaza para la población autóctona en la medida que contribuye a que determinadas culturas pierdan su identidad al intentar, por ejemplo, adaptarse a los gustos y tradiciones del visitante[112]. El turismo masificado se concibe incluso como una suerte de plaga que altera las estructuras sociales en la medida que una zona turística o un aluvión de turistas introducen *desde fuera* una nueva realidad sociocultural a la cual tanto la población local, *la de dentro*, como su sistema social tienen que adaptarse[113].

Este proceso de mestizaje -que bien podría ser considerado positivo- suele considerarse en cambio negativo cuando evoluciona asimétricamente, de modo que una de las dos culturas tiende a

---

[111] Bertram M. Gordon, *El turismo de masas: un concepto problemático en la historia del S. XX*. Revista Historia contemporánea, 2002

[112] La artesanía de los Massai en Kenia cambió sus colores tradicionales adaptándose al gusto del turista, por ejemplo.

[113] La primera adaptación consiste en desarrollar una clase encargada de tratar a los forasteros. Esto se refleja en la estructura laboral local en una expansión de los servicios. Los turistas han de ser transportados, alojados, ayudados en muchos problemas que surgen y hay que proveerles de actividades recreativas. Estas consecuencias primarias del turismo irán acompañadas a menudo de conflictos psicológicos y sociales.

asemejarse más a la otra que viceversa. Es decir en su *idiotez* los turistas tienen menos probabilidades de tomar determinados elementos de sus anfitriones[114] de modo que la comunidad receptora puede entrar en un proceso de aculturación que se activa con el mero contacto entre turistas y anfitriones[115].

Ante la creciente *Mcdonalización* del turismo surge la necesidad de distinguirnos[116] para evitar ser confundidos con un simple turista. Surgen así los viajeros, aquellos turistas que no quieren ser calificados como tales: "el antropólogo es probablemente el que más empatiza con la población nativa, hostil hacia la noción misma de turismo, mucho menos inclinado a ser identificado como un turista", incluso si las poblaciones locales veían poca diferencia entre ellos[117]. Paradójicamente el término turista y su consideración despectiva tiene su origen no tanto en originarios de países receptores de turismo, a menudo retratados como víctimas del turismo occidental, sino más en los mismos turistas occidentales[118]. Así surgen expresiones parecidas a "casi francés, casi un nativo"[119] o es "casi de aquí" utilizadas para designar a un viajero en contraste con un simple turista.

---

[114] Gabriela Orduna y Carmen Urpí, "Turismo cultural como experiencia educativa de ocio", *Polis*, 26, 2010. Ver en : http://polis.revues.org/102

[115] Esta visión tan trágica podría considerarse en positivo si se considera justo al revés, de modo que la comunidad local fuera la que permeabiliza la foránea y logra transmitir su propia identidad. Por otro lado, si bien el capitalismo fordista se basa en la estandarización no es menos cierto que la evolución del capitalismo muestra la continua necesidad de buscar mercados nuevos, espacios "originales" que puedan mercantilizarse.

[116] Bourdieu se esmera en este sentido en demostrar que, aun con el crecimiento de las capas medias y la generalización de la esfera del consumo, las diferencias de clase se mantienen, se reproducen e, inclusive, se acentúan. Ver Pierre Bourdieu, *La distinction*, Les Éditions de Minuit, 1979.

[117] Theron Núñez, "Touristic Studies in Anthropological Perspective", en Valene Smith, *Hosts and Guests: The Anthropology of Tourism*, University of Pennsylvania Press, Philadelphia, 1977, p. 212. Citado en Bertram M. Gordon, *El turismo de masas: un concepto problemático en la historia del S. XX*. Revista Historia contemporánea, 2002

[118] Jean-Didier Urbain, *L'Idiot du voyage. Histoires des touristes*, Payot, Paris, 1993, p. 13.

El turismo ciudadano y sus enemigos

Los términos y expresiones mediante los cuáles los turistas se etiquetan unos a otros o a sí mismos son una vez más históricos y reflejan las jerarquías sociales y culturales, la necesidad de distinguirse. El tipo de turista que eres refleja el *status social* de modo que la denominación *viajero* convierte automáticamente en más elevadas las propias experiencias culturales. Es una cuestión fundamentalmente de lenguaje porqué obviamente los *viajeros* que condenan el turismo masificado probablemente han visitado con antelación esos mismos lugares turísticos[120] y, aún más, pueden haber sido claves para su posterior masificación. Sea como sea el viajero no se considera turista ni mucho menos quiere que se le considere como tal. El viajero busca "verdaderas experiencias", busca la "autenticidad", un conocimiento auténtico de la realidad visitada que por definición un turista nunca podría obtener[121]. Existe un proceso de distinción intelectual[122] que separa la capacidad de uno respecto al otro. Al viajero se le supone un esfuerzo, incluso un cierto sacrificio, una aspiración noble –social, cultural, ecologista, etc...- mientras que el turista es un ser entregado al placer por el puro placer, es pasivo y espera simplemente que las experiencias le ocurran a él[123]. De este modo podemos constatar que, para el viajero, la experiencia turística que proviene de un lugar turístico se basa en la inautenticidad, es "moralmente inferior a la mera experiencia" y en definitiva es "vulgar"[124].

---

[119] Obviamente se puede aplicar a cualquier nacionalidad.

[120] Y muy probablemente aquellos que critican el turismo masivo, en términos de impactos ambientales (por ejemplo de consumo de CO_2) superan con creces la media así como su impacto cultural.

[121] Como categoría general "autenticidad", es descrita como "un gran bastón, que la élite cultural empuña contra los equivocados popularizadores de la cultura" Ver en Bertram M. Gordon, *El turismo de masas: un concepto problemático en la historia del S. XX*. Revista Historia contemporánea, 2002

[122] En 1976 Dean MacCannell diferenciaba entre el intelectual y el turista. Ver en: Ídem.

[123] Bertram M. Gordon, *El turismo de masas: un concepto problemático en la historia del S. XX*. Revista Historia contemporánea, 2002.

[124] Ídem.

La necesidad de distinción convierte por lo tanto el turismo de masas y a los turistas en un colectivo indiferenciado, incontable e indivisible, diferente de una multitud definida por sus componentes individuales[125]. Por ello en el discurso *anti-turismo* los turistas son siempre *ellos*, siempre son *los otros*: son turistas toda aquella gente que vemos desfilar ante nosotros cuando vamos a trabajar, los que invaden nuestras ciudades, los que buscan *souvenirs*, los que llenan los restaurantes y las plazas que antes eran *sólo* de los vecinos. Nosotros, sin embargo, no lo somos. No somos turistas porqué nosotros, simplemente, viajamos. Y cuando lo hacemos, tratamos de discernir los productos turísticos de los auténticamente locales, respetamos la cultura local, aportamos riqueza allí donde vamos, contribuimos a difundir la realidad social que visitamos, facilitamos que se rehabiliten los centros históricos degradados, nos enriquecemos personalmente, aprendemos nuevas palabras, conocemos personas autóctonas, nos enamoramos, disfrutamos y un largo etcétera de virtudes y aspectos positivos. Sí, es cierto también hacemos fotos y compramos regalos, como los turistas, y cogemos aviones, autocares, trenes y coches, como los turistas. Y que también vamos a restaurantes, museos y tiendas, como los turistas. O tomamos un refresco ante un monumento, o nos estiramos a descansar en un parque céntrico. Sí, es cierto, pero nosotros no nos *consideramos* turistas. No somos como los turistas que visitan nuestra ciudad, porque nosotros no somos turistas, somos viajeros.

Nadie, o casi nadie, se identifica con el retrato del turista *masificado* y sin embargo a él, a *nosotros*, un movimiento de resistencia, disperso, anticapitalista a veces, de rechazo cultural cuando no de localismo hermético, se le imputan toda suerte de agravios respecto al devenir de la ciudad. Uno de los más recurrentes es favorecer procesos de gentrificación urbana…

---

[125] Ídem.

2.2   LA PARADOJA DE LA GENTRIFRICACIÓN

La gentrificación es la castellanización de un término común en las grandes urbes anglosajonas que define un proceso según el cual una clase social adinerada se desplaza hacia un barrio económicamente modesto para acabar expulsando a los residentes nativos. Sin embargo en la actualidad el término gentrificación se utiliza más bien para describir un tipo de proceso inmoral y abominable a través del cual un conjunto de personas ricas, capitalistas y sedientas de lucro parece que se dedican a echar sin piedad a los pobres nativos de un barrio popular, a destruir la vida de un barrio que vivía en perfecta armonía, con una relación ciudadana y vecinal ejemplar[126].

El concepto gentrificación sirve pues más bien en la actualidad para simplificar -una vez más- los conflictos urbanos entre buenos (los pobres vecinos nativos del barrio popular) y malos (los ricos que quieren echarlos). Si aceptamos este esquema tan simple no es extraño entonces constatar tanto la moda de escandalizarse ante cualquier proceso de gentrificación como que ésta se utilice como indicador irrefutable de la maldad inherente del sistema capitalista. Como caso paradigmático suele recurrirse al centro de Venecia que ha perdido el 40 por ciento de su población en 30 años como consecuencia del alza de los precios, que amenazan con extinguir el comercio de pequeña escala o las escuelas locales. También en Barcelona, Nueva York o

---

[126] Buen ejemplo de esta visión son los documentales: *Bye Bye Barcelona*, de Eduardo Chibás, o el *El Síndrome de Venecia*, de Andreas Pichlerde, ambos disponibles a través de *You tube*, empresa por cierto típicamente capitalista de la era digital, creada por tres antiguos empleados de *PayPal* en febrero de 2005, adquirida a cambio de 1650 millones de dólares por *Google Inc*, impulsora a su vez de Uber, plataforma digital que impulsa el transporte compartido en ciudades y símbolo de lo que hay que evitar desde la lógica con la que se crearon ambos documentales.

Londres, el término gentrificación se utiliza estrechamente vinculado a los efectos negativos del turismo, a los miles de personas que visitan la ciudad y que como consecuencia, de acuerdo al discurso *anti-turismo* generan una dinámica de aumento de los precios de la vivienda y de expulsión de los vecinos especialmente de los barrios más céntricos de la ciudad.

El problema una vez más es de enfoque, de visión de conjunto puesto que la gentrificación no es más que una consecuencia de la dinámica del mercado en una economía capitalista. Es un reflejo de nuestro comportamiento como consumidores en el ámbito inmobiliario. Somos nosotros mismos, nos guste admitirlo o no, tengamos la honestidad para hacerlo o no. O quizás nuestros padres o nuestros abuelos. Y es que se quiera reconocer o no, es altamente probable que hayamos participado directa o indirectamente de un proceso de gentrificación. Sin ir más lejos puede ser bueno recordar por ejemplo que la creación del *Eixample* barcelonés no es más que una macro-proceso de gentrificación destinado a la "necesidad" acomodar las nuevas clases ricas, a garantizar el crecimiento urbano fuera de las murallas y a disfrutar de los beneficios especulativos producidos por tener que urbanizar 1100 hectáreas de terreno[127].

Una de los casos emblemáticos de actualidad es el caso de Ciutat Vella, el centro histórico de Barcelona. Tal y como muchos exponen -escandalizados-, parece ahora que la invasión turística amenaza con destruir el tejido social y cultural del Distrito. Cabe recordar sin embargo que el proceso de gentrificación no se inicia con la llegada masiva de turistas si no mucho antes. Concretamente podemos situarnos a mediados de los 80 para señalar el inicio del proceso de gentrificación cuando trasladarse al centro histórico -entonces viejo, sucio y abandonado- empezó a ser *cool*. Coincidiendo con la llegada de nuevos residentes procedentes de otros barrios más acomodados de Barcelona -que adquirieron viviendas a *precio de saldo* — que luego fueron revendidas en muchos casos a precios astronómicos- se inició un largo proceso de mejora de Ciutat Vella: se empezaron a

---

[127] Ver en: https://es.wikipedia.org/wiki/Distrito_del_Ensanche

rehabilitar los primeros edificios, los mercados, las plazas y las calles; se abrieron los primeros bares de estética moderna, después vinieron las tiendas locales de ropa y así durante treinta años en un lento pero constante proceso de mejora evidente del espacio público. Es entonces fácil comprender que el progresivo proceso de mejora fuese atrayendo cada vez más a nuevos residentes procedentes de otros barrios en un constante y sostenido proceso de gentrificación: los precios fueron subiendo, las viviendas pequeñas se pasaron a denominar *Lofts*, proliferaron los hoteles y el barrio de la Ribera pasó a ser más conocido como el Born. El proceso de gentrificación de Ciutat Vella tuvo aún un nuevo impulso cuando por efecto de los Juegos Olímpicos medio planeta quiso acceder a aquella ciudad con una vida social, cultural y económica tan activa, con una clima agradable y tan bien ubicada frente al mar. La proliferación de hoteles no se hizo esperar para poder alojar a los nuevos visitantes.

De esta manera con el paso de los años algunos de los primeros gentrificadores se convirtieron en víctimas de un nuevo estadio gentrificador de Ciutat Vella. Otros en cambio, no, simplemente se han adaptado conscientes tal vez que ellos o ellas en algún momento también contribuyeron a cambiar de manera radical la geografía del distrito. Cuando los primeros gentrificadores vinieron a Ciutat Vella todavía se podía ver niños jugando al fútbol justo delante de la Catedral, cuando los autocares aparcaban enfrente. En aquél entonces en Barcelona prácticamente no había turistas y nadie les podía responsabilizar aún de los males de la ciudad. Entonces los gentrificadores sólo eran los propios barceloneses y barcelonesas.

La gentrificación verde

Parece una obviedad que todos -o casi todos- aceptamos que un piso en París ubicado por ejemplo en *Saint Germain-des-Prés* no cuesta lo mismo que uno localizado en *Barbès* o que uno situado delante de *Regent's Park* tampoco vale lo mismo que otro que encontremos en el corazón de *Hackney*. Otra obviedad: vivimos en una economía de mercado donde todos elegimos nuestra residencia en función de nuestra capacidad adquisitiva y a partir de ahí, de nuestras preferencias, de acuerdo a nuestra propia situación personal, profesional, etc... Lo mismo pasa cuando viajamos: elegimos un destino en función de nuestra capacidad económica. Si encima podemos intercambiar nuestra propiedad mejor, puesto que el gasto será cercano a 0 Euros[128].

Lógicamente en una economía de mercado el aumento de la demanda afecta a los precios y la demanda aumenta en función de la atractividad del piso y muy especialmente de su entorno: los servicios, el patrimonio histórico, las plazas y las zonas verdes. Por ello también podríamos considerar como un gran elemento gentrificador la creación de grandes espacios verdes (supermanzanas, parques, etc...). De hecho incluso se podría afirmar que las ciudades que crean o restauran bienes o infraestructuras verdes contribuyen a medio y largo plazo a la exclusión de colectivos sociales más vulnerables.

De nuevo nos encontramos frente a otra obviedad: el perfil socioeconómico de los vecinos variará a medio y largo plazo significativamente cuando una zona de residencia experimente un proceso de "reverdecimiento" con la creación de parques, áreas verdes o corredores ecológicos. Así la gentrificación verde comportará que la población original de un barrio de clase media-baja o baja sea

---

[128] Pese a haya quien opone intercambio en especie a mercantilización parece obvio que aunque no haya transacción monetaria el intercambio de casas es producto de una decisión económica del mismo modo que el comercio antiguo se basaba en el trueque y nadie tendría la ocurrencia de considerarlo como una actividad no económica.

desplazada por nuevos habitantes con mayor poder adquisitivo que llegarán a la zona atraídos por la proximidad de nuevos parques y zonas verdes y por la oferta concurrente de viviendas más atractivas. En consecuencia el precio del alquiler y de venta de las viviendas experimentará un incremento considerable, algunos de los propios vecinos venderán sus casas, los colectivos más vulnerables no podrán renovar los alquileres y tendrán que cambiar de barrio. La mejora ambiental del entorno provocará una inevitable revalorización de las viviendas que en el lenguaje de moda actual terminará por "expulsar" a las clases más vulnerables para dejar paso a ciudadanos con rentas más altas. Se podrá invertir en vivienda pública, evitar macroproyectos de especulación inmobiliaria o culpabilizar a los pisos turísticos pero los precios de los alquileres seguirán subiendo. Sin embargo entonces ya no será culpa de los turistas ni de los pisos turísticos.

La lógica del discurso *anti-turismo* deja entrever un discurso de corte anticapitalista e incluso más antiguo, culpabilizador de la mercantilización de las cosas. En ésta lógica no es difícil prever como no tardará en aparecer un nuevo discurso dispuesto a culpabilizar a la gentrificación verde y acusar a los ayuntamientos que expandan la verdificación de la ciudad de estar colaborando con el sistema capitalitalista-especulativo *que todo lo mercantiliza*. Quizás tampoco tarde en aparecer quién proclame que las ciudades más verdes son a su vez las más desigualitarias e injustas o incluso llegue el día absurdo en que alguien proponga como brillante solución replicar la política contra los pisos turísticos: "cerremos todos los parques verdes de la ciudad y dejemos de atraer al maldito capital". Una reacción parecida a la del movimiento ludita perplejos ante la amenaza que suponía la increíble productividad de un telar industrial.

2.3   LOS LUDITAS Y LOS PISOS TURÍSTCOS

El *ludismo*[129] fue un movimiento de artesanos ingleses del XIX dedicados a destruir las nuevas máquinas, la máquina de hilar, los telares industriales nacidos en la famosa revolución industrial y que amenazaban con reemplazarlos con trabajadores menos cualificados. La idea era básica y simple: si se eliminaban las máquinas se eliminaba el problema[130].

Doscientos años después en una ciudad como Barcelona por ejemplo, nos encontramos con un problema parecido. Una fuerte corriente de pensamiento considera que los pisos turísticos son culpables de toda suerte de problemas: molestias nocturnas, gentrificación, falta de vivienda, aumento de los alquileres, pérdida del comercio local, *turistización* y un largo etcétera. En una lógica parecida a la del movimiento *ludita* la solución parece igual de básica y de fácil: eliminarlos a todos. Así sin pisos turísticos, no habrá molestias nocturnas, la gentrificación desaparecerá por fin de la ciudad, la vivienda dejará de ser un bien escaso, el precio de los alquileres dejará de subir y el comercio local florecerá de nuevo como antaño.

---

[129] Aunque no se ha encontrado prueba real de su existencia, se cree que era originario de la aldea de Anstey, en las afueras de Leicester. El incidente que inspiró su transformación de hombre común en el siglo XVIII a héroe del proletariado en el XIX, ocurrió cuando rompió dos tejedoras mecánicas en un arranque de furia. Se ha situado este incidente en el año 1779, lejos del tiempo del ludismo en los años 1810. Ver en: https://es.wikipedia.org/wiki/Ned_Ludd

[130] "Desde finales del XVIII la mecanización provoca en Inglaterra un fuerte movimiento tecnófobo cuyos actores no son comunistas sino defensores del sistema gremial, incapaz de sobrevivir al tipo de producción y trabajador introducido por las grandes fábricas" Antonio Escohotado, *Los enemigos del comercio*, Barcelona, Vol II, Espasa, 2017.

Es fácil imaginar que los hoteleros quieran evitar a toda costa que se expanda una cultura económica basada en millares de propietarios que puedan alquilen sus casas, sus habitaciones o sus segundas residencias a ciudadanos que vienen por unos días a una ciudad: por un lado la proliferación de estos comportamientos podría afectar -aunque fuese en un pequeño porcentaje- a sus multimillonarios beneficios y por el otro tampoco parece lógico abrir un mercado monopolizado a millares de nuevos micro-operadores (los ciudadanos-propietarios). Al fin y al cabo, tarde o temprano podría ser probable que dichos ciudadanos-propietarios, al modo ateniense, exigiesen tener mayor capacidad de decisión en la gestión política del turismo, en un proceso democratizador de la gestión del turismo.

Quizás sea menos comprensible que desde posiciones *republicanas* –en principio orientadas a perseguir el empoderamiento personal, político y económico de los habitantes de un territorio para que puedan ejercer libremente como ciudadanos- se bloquee, criminalice y desprecie la posibilidad de alquilar tu propia casa, tu segunda casa o tu segunda residencia. De acuerdo con el republicanismo ciudadano de lo que se trata es de distribuir cuanto más mejor, no sólo la riqueza –vía redistribución fiscal, renta básica, etc- sino la capacidad para crearla. Se entiende que la propiedad (entendida como de algo propio, como el trabajo, una renta ciudadana, un piso, una habitación o una habilidad...) es un medio para liberarse de la dependencia económica y permitir desarrollarnos en todas nuestras facetas como personas libres.

Por ello es paradójica la coincidencia entre un gremio monopolizador como el hotelero y el discurso *anti-turismo* en su versión anti-capitalista contra la posibilidad de emerger una economía ciudadana[131] del turismo. Paradójicamente ambos coinciden en argumentar que los pisos turísticos afectan al mercado del alquiler de la vivienda, generan la maldita gentrificación donde los residentes habituales son "expulsados" por nuevos residentes con un poder adquisitivo mayor.

---

[131] Roger Sunyer, *Hacia una economía ciudadana*, Barcelona, UOC, 2015.

Coinciden igualmente en la receta, cerrarlos a todos cuanto antes y abortar como sea la posibilidad que más ciudadanos alquilen a otros ciudadanos -un turista no es más que otro ciudadano.

Lo cierto es que una política verdaderamente inteligente[132] debería tratar de discriminar y analizar el "problema" de los pisos turísticos. Es evidente y de sentido común que no es lo mismo una persona que tiene o quiera tener un piso turístico que un propietario hotelero tenga centenares; tampoco es lo mismo un ciudadano que gestiona varios pisos que una empresa que gestiona fincas enteras[133]. En un contexto de crisis tan estructural además, los pisos turísticos no deberían ser un problema sino más bien una oportunidad para crear riqueza. Una gestión inteligente debería contemplar el turismo como una gran oportunidad (no exenta de riesgos y de amenazas por supuesto) para empoderar económicamente a miles de ciudadanos y para trazar por ejemplo las formas mediante las cuales estos miles de pequeños propietarios pudiesen contribuir al tan deseado *commonwealth* (bien común).

No en vano nos acercamos al bien común cuando se crean condiciones de igualdad y libertad. La primera se consigue evitando desigualdades (mediante la redistribución fiscal, la inversión pública en barrios degradados, etc), la segunda empoderando a las personas educativa, social, política pero también económicamente.

Permitir a un ciudadano gestionar uno o varios pisos turísticos es una buena manera de liberarlo[134] para luego poderle exigir que lo

---

[132] En su sentido etimológico de interrelacionar, de relacionar distintos aspectos y tratar de escoger la mejor opción.

[133] El propio Adam Smith por ejemplo consideraba que una empresa privada con más de 25 trabajadores asalariados tenía ya un potencial en exceso peligroso políticamente. Citado por Antoni Domènech, Prólogo en David Casassas, *La ciudad en llamas: vigencia del republicanismo comercial de Adam Smith*, Barcelona, Montesinos, 2010.

[134] Marx decía "El hombre que no posea otra propiedad que su propia fuerza de trabajo, en cualesquiera situaciones sociales y culturales, tiene que ser el esclavo de los otros hombres, de los que se han hecho con la propiedad de las condiciones objetivas del trabajo. Sólo puede trabajar con el permiso de éstos, es decir: sólo puede vivir con su permiso."

administre respetuosamente de acuerdo a las normas cívicas aprobadas por todos y exigirle también que contribuya (económicamente con una tasa justa y proporcionada) al bien común facilitando que otras personas puedan también ganar su libertad. El debate por lo tanto no debería ser pisos sí o pisos no, turismo sí o turismo no, sino cómo pueden y deben contribuir al bien común los pisos turísticos, cómo podemos aprovechar el turismo para una economía ciudadana. Mientras tanto en Barcelona no se puede gestionar legalmente un piso turístico pero en cambio sí se puede comprar una finca entera o abrir un nuevo hotel. La lógica ludita se impuso.

A propósito de los luditas, un hombre nada sospechoso de ser capitalista *neoliberal* ya lo advertía:

"Faltaban tiempo y experiencia antes de que los obreros aprendiesen a distinguir entre la maquinaria y su empleo por parte del capital, y a dirigir sus ataques no contra los instrumentos materiales de la producción sino contra el modo en que estos se usaban"[135].

---

[135] Karl Marx, *Capital* Libro I, vol. 2, Siglo XXI editores, 1975, p.522.

2.4 DERECHO A LA VIVIENDA Y ECONOMÍA DE MERCADO

David Harvey popularizó el concepto de derecho a la ciudad[136]. De ahí se extendió al derecho a la vivienda entendiendo que el estado, tal y como reconocen buena parte de los documentos constitucionales, debe garantizar el acceso a la vivienda. El discurso *anti-turismo* suele ubicar a los pisos turísticos y al turismo como el factor determinante para el aumento de precios del alquiler. Pero incluye aquí la presión de nuevos residentes, personas no nacidas en la ciudad con poder adquisitivo mayor que termina por expulsar a personas nacidas en la ciudad, con poder adquisitivo menor. El derecho a la ciudad se convierte así en el derecho a la ciudad para los nativos con formulaciones que el propio Harvey seguro condenaría. Sea como sea, a la eliminación de los pisos turísticos debe sumársele el control sobre el precio del alquiler.

Es habitual citar el caso de París cuando se habla del problema de la vivienda, de la falta de vivienda de alquiler y de la necesidad de garantizar el derecho a la vivienda. Debemos señalar que en París, en 2014, el precio del metro cuadrado oscilaba entre los 23 y los 35 Euros en amplias zonas de la ciudad lo que trasladado por ejemplo al caso de Barcelona supondría que un piso de unos 80 metros cuadrados costaría entre 1.840 y 2.800 Euros de alquiler. Con un aumento de los costes de los arrendamientos de un 42% en la última década, el Ayuntamiento de París se volcó en aplicar la Ley Alur de 2015[137] para regular el precio del alquiler creando un precedente que otras ciudades quieren seguir cuanto antes.

---

[136] David Harvey, *Ciudades rebeldes*. Madrid, Akal, 2013.

[137] Del acceso a la vivienda y la renovación de la planificación urbanística, por sus siglas en francés. Ver en https://www.la-loi-alur.org

El turismo ciudadano y sus enemigos

Las principales aspectos del modelo parisino se pueden resumir de la siguiente manera: conseguir el objetivo de frenar el imparable ascenso de las cuotas de arrendamiento en la ciudad limitando las rentas mensuales de los alquileres y facilitar así el acceso a la vivienda a sectores de la población y evitar la expulsión -gentrificación- de buena parte de sus ciudadanos. ¿Cómo debe conseguirse? Estableciendo desde el observatorio parisino de las rentas (OLAP[138]) unos valores de referencia para los distritos de París durante 2015 y sucesivamente para los años siguientes. Este medidor, que diferencia entre las distintas tipologías de viviendas, ubicación y antigüedad, deja entrever que las cuotas oscilarán entre los 22 euros por metro cuadrado para los más asequibles, y alcanzarán los 31 euros/m² en los casos más cotizados. El propietario no podrá establecer un alquiler superior al 20% a la renta de referencia para su inmueble. ¿A quien afecta? La norma afecta a los nuevos contratos y a los que se renueven con revisión de la renta desde el 1 de agosto de 2015. ¿Cuál es el resultado previsto? Se calcula que podría disminuir la cuantía de las rentas de unas 60.000 viviendas parisinas.

El tiempo dirá el éxito de dichas políticas pero de momento podemos constatar que ya con la ley en vigor y por ejemplo con los índices estipulados a 1 de agosto de 2016, un estudio de 20m² construido antes de 1946 en uno de los barrios más caros de París, en *Saint-Germain des Près* (*VIème arrondissement*), no puede superar los 732 Euros sin muebles y los 820 Euros con ellos. Si se trata de un piso con cinco piezas de 100 m² el alquiler no debería sobrepasar los 3.040 Euros, si está vacío, y los 3.400 si está amueblado. Pero si nos trasladamos a un barrio más popular como el de *Père Lachaise* (*XXème arrondissement*), el alquiler de un estudio de 20 m² construido antes de 1946 no debería superar los 620 Euros y los 694 si está amueblado. Igualmente un piso de cinco piezas en este barrio no debería superar los 2.890 Euros. No hace falta alargarnos en los ejemplos para comprobar que los precios seguirán siendo inasequibles para determinadas carteras. Pero es que además, el modelo París contempla

---

[138] http://www.observatoire-des-loyers.fr

un buen número de excepciones a los límites del alquiler. Los arrendadores podrán solicitar por ejemplo sobrepasar la renta de referencia si su propiedad dispone de características especiales. Para ello se tendrán en cuenta una serie de factores -llamados complementos del alquiler– tales como la disponibilidad de portero físico, disponer de una terraza, de buenas vistas o de un determinado número de habitaciones entre otros. Así por ejemplo, unas buenas vistas a la *Tour Eiffel* o en el caso de Barcelona, al mar, podría aumentar el alquiler en unos 100 Euros mensuales.

En realidad para muchos expertos el enfoque no parece demasiado correcto. Y es que parece obvio que en una economía de mercado el precio de cualquier recurso aumenta cuando la demanda supera la oferta. Limitar el precio no remedia la escasez del producto que se necesita, en este caso, la vivienda. Tal y como bien explica el propio David Harvey el capital siempre encuentra la forma para conseguir rentas de monopolio. Y por ello mismo podemos preguntarnos que ocurrirá si la demanda en determinados barrios sigue siendo superior a la oferta, ¿Como se impedirá por ejemplo que se cree un mercado sumergido?, ¿Como se evitará que se exija en blanco y otra en negro? Y es que si la oferta de vivienda sigue invariable y el precio bloqueado es fácilmente predecible que emerjan otras formas de selección de la demanda: tipos de empleo, sueldo, etc…de modo que el mal que se pretende corregir seguirá existiendo (ya no digamos si se persiste como en el caso de Barcelona a culpabilizar a los pisos turísticos de la falta de acceso a la vivienda). Se atacan las consecuencias de la escasez de la oferta (los precios elevados) mediante medidas administrativas sin abordar las causas. Pretender considerar el modelo de París como la solución a procesos de gentrificación o de aumento de los precios no parece por lo tanto razonable.

Y es que aunque en nuestras democracias se reconozca el derecho a la vivienda como un derecho fundamental su cumplimiento efectivo en un sistema económico capitalista es algo mucho más complejo. La pregunta lógica entonces sería ¿Y fuera? (del sistema capitalista se entiende). Probablemente su cumplimiento total solo podría darse en un sistema comunista que eliminase la propiedad privada de la vivienda y delegásemos en el Estado la decisión sobre donde nos tocase vivir. Sin duda esa sería una solución más lógica: desmercantilizar por completo la vivienda sacándola de las leyes del mercado y eliminando la propiedad privada. Claro está que ello comportaría un buen número de otro tipo de inconvenientes como por ejemplo que fuese el propio Estado quien decidiese -como lo haría, quien lo haría concretamente y en base a qué criterios se me antoja francamente complicado de imaginar- donde debemos vivir cada uno y en qué condiciones.

Pero situándonos de nuevo en el escenario en el que vivimos, en economías de mercado, ¿Como deberíamos afrontar entonces este reto cuando es obvio que la ley del mercado, de la oferta y la demanda, genera situaciones de desigualdad graves? Sin duda la administración puede y debe tratar de mitigarlas, ya sea por razones morales y éticas o de cohesión y necesaria estabilidad social. Pero dado que el precio de un producto aumenta debido a su escasez parece razonable pensar que la acción pública debería orientarse principalmente a producir más y por lo tanto a aumentar la oferta de vivienda pública. Más que intervenir en el precio del alquiler y a tratar de intervenir la lógica de un mercado que de un modo u otro va a seguir funcionando -se quiera reconocer o no-, debería aumentarse cuanto antes el porcentaje de viviendas públicas (en Viena es del 50% mientras que en Barcelona es solo del 2%) aumentando la disponibilidad del producto escaso.

Sea como sea la política de vivienda en una economía de mercado es un ámbito suficientemente complejo e importante como para que sea instrumentalizado políticamente como arma arrojadiza entre los de arriba y los de abajo, entre los viejos y los nuevos y mucho menos para escudarse en los pisos turísticos como causa del problema de acceso a la vivienda. En una economía de mercado, con la vivienda como producto mercantilizado -se compra, se vende, se alquila a empresas, a instituciones, a particulares…-, la gestión de la política de vivienda requiere actitudes políticas y públicas proactivas orientadas a la creación de grandes estrategias cooperativas entre todos los actores implicados (los distintos niveles de la administración pública, promotores, grupos políticos, ciudadanos), una acción pública y política orientada a invertir tantas energías como sea posible en la mejora de las condiciones sociales y económicas que impiden a tanta gente acceder (o mantener) una vivienda digna; y se necesita ante todo una gestión pública ambiciosa que más allá de la imprescindible redistribución de la riqueza aborde la gestión de la riqueza y muy especialmente la distribución de la capacidad para crearla, de modo que podamos avanzar individual y colectivamente hacia una economía ciudadana.

Antes sin embargo de entrar en ello, quizás sea útil seguir describiendo la base argumental sobre la que descansa el dicurso *antiturismo masivo*. Además de la necesidad de vetar pisos turísticos y/o de controlar el precio de los alquileres, de la culpabilización respecto a la gentrificación, dicho discurso reivindica la ciudad para sus vecinos, una suerte de *vecinismo* que establece una arriesgada relación antónima entre *los que son de aquí* y *los que no lo son*...

2.5 EL VECINISMO

Nuestras democracias representativas a través de una oferta limitada de partidos políticos se encargan de agrupar la pluralidad política y tratar así de reflejar mínimamente la complejidad política que encontramos entre los millones de vecinos y vecinas de una ciudad determinada. Pese a ello a menudo el proceso democrático electoral no logra adecuadamente representar todos los matices de la pluralidad ciudadana y por ello parece razonable que se complemente con mecanismos y procedimientos que permitan a los ciudadanos participar, formar parte del desarrollo de la ciudad de modo continuo, durante los años que dura una legislatura. Un buen ejemplo lo encontramos en la proliferación de reivindicaciones vecinales para todo tipo de cuestiones sociales, económicas y políticas que se dan en la ciudad a lo largo de un mandato. La movilización ciudadana es por lo tanto conveniente y necesaria para visualizar reivindicaciones que pueden haber quedado ocultas o desatendidas.

Igualmente fundamental es sin embargo tratar de evitar la instrumentalización de lo vecinal. Esta se da cuando por ejemplo hay quien se obstina en defender un posicionamiento político o social bajo la etiqueta los vecinos y las vecinas. Y es que usar el artículo *los* puede promover una cierta confusión y proyectar la impresión que todos los vecinas y todas las vecinas apoyan una determinada reivindicación. Puede que en algún caso sea así pero entonces deberíamos entender que previamente se ha preguntado o consultado a *todos y cada uno de* los vecinos de un barrio en concreto, de un distrito o de la ciudad entera. Igualmente deberemos suponer entonces que después de preguntárselo se ha obtenido la legitimación necesaria para representar la voz de todos los vecinos del mismo modo que en una democracia representativa el alcalde o el jefe de estado acepta su cargo de representación aunque todos sepamos -y también él- que no todos los ciudadanos le votaron y que hay quién opina de forma diametralmente opuesta a él. De no ser así lo razonable es que cualquier plataforma vecinal se presente públicamente a sí misma bajo el título de *algunos vecinos* o si se refiere *un grupo de vecinos* o del número exacto de vecinos a los cuales representa. Por pequeño que este sea no quita la importancia y la legitimidad de cualquier plataforma a defender y sus intereses particulares sean o no orientados al bien común. Se trata simplemente de ser honestos y reconocer que se defiende una parte, que hay otra parte, otra buena parte o quizás incluso la mayoría que no tiene la misma opinión o incluso puede pensar justamente lo contrario a lo que una plataforma de vecinos determinada defiende. Se trata de no confundir la voluntad general con la voluntad de todos y cada uno de nosotros. Pero hay otra forma de instrumentalización más grave cuando -consciente o inconscientemente- cierto se impone cierto discurso vecinal que establece una línea divisoria entre los de aquí y los de fuera, otorgando legitimidad *a los de aquí, a los nuestros* para quitársela lógicamente *a los otros, a los de fuera, a los que no son de aquí.*

Así de una forma más o menos subliminal y automática se opone *los vecinos* a los *no-vecinos, a los que son de aquí frente a los que no lo son, o frente al capital,* a lo mercantilizado o directamente, a los extranjeros, a los no-residentes, los turistas o los inmigrantes... Ciertamente el riesgo de crear dinámicas excluyentes, xenófobas o turistofóbicas es evidente como lo es el de establecer legitimidades ciudadanas de primer, segundo o tercer rango en función de la residencia permanente de cada cual. No en vano el discurso del vecino *de aquí* frente *al de fuera* presupone que el vecino *de aquí* está dotado de toda suerte de virtudes ciudadanas (respeto, educación, civismo, compromiso ciudadano...) mientras el de fuera es un incívico, no construye ciudad sino que la destruye y además es causante de prácticamente todos los males de la ciudad (*el inmigrante porqué quita nuestro trabajo, el turista porqué invade nuestra ciudad y nos quita nuestros pisos, el residente temporal porqué aumenta el precio de los pisos, etc...*).

Afortunadamente hoy en día una ciudad globalizada con millones de habitantes yendo y viniendo, donde el concepto de residencia está cambiando a gran velocidad y la frontera entre los que son de aquí y no lo son se diluye a cada día que pasa, la realidad se impone y hará inútiles los esfuerzos por segmentar las ciudadanías por cuestiones de origen y años de residencia. Para desgracia de los promotores del *conservador discurso de la ciudad para sus vecinos y vecinas* (solo para los de toda la vida, para los buenos, se entiende) pronto quedará del todo desdibujada la dualización entre vecinos *de toda la vida* y los nuevos perfiles de vecinos (y *malos*, claro), los turistas, los que vienen a vivir una semana, un mes, un año, los que viven aquí y allá, los que van y vienen, los que viven en todas partes, los extranjeros en general...

El conservador discurso *del vecino de toda la vida* quedará pronto obsoleto aunque ya no tenga sentido hoy mismo porque la ciudad es por definición pura mezcla, mestizaje, de personas, de procedencias, es intercambio, comercio, movilidad y libertad: hay vecinos que no les gustan los coches; hay otros en cambio que no soportan las bicicletas; los hay que no soportan tener que escuchar sí o sí la música del piso contiguo, a otros en cambio les gusta tanto su propio gusto musical que lo quieren compartir a toda costa abriendo las ventanas de par en par o subiendo al máximo el volumen de su móvil. Pocas cosas hay más evidentes en nuestras ciudades respecto a la diversidad de gustos, de actitudes, de caracteres y de temperamentos. Por ello el término vecino o vecina (del latín *vicīnus*, de *vicus*, barrio, lugar) se limita tradicionalmente a señalar lo que sí tienen en común esa diversidad y pluralidad de personas y que es incuestionable: los vecinos y vecinas son aquellas personas que viven relativamente cerca las unas de las otras, pudiendo vivir en casas contiguas o simplemente habitan un mismo barrio.

Si nos adentramos en cuestiones políticas la diversidad y pluralidad vecinal no cambia mucho: los hay de izquierdas y de derechas, de centro, de izquierda con actitudes abiertas y cerradas, de derechas liberales y abiertas y de más conservadores y así hasta el infinito cuando mezclamos identidad política con carácter y temperamento. Las ciudades se construyen y se configuran gracias al esfuerzo cotidiano y anónimo de sus ciudadanos, a través de sus trabajos, de sus empresas, de sus impuestos, de sus voluntades, de sus aspiraciones. Son los millones de interacciones que se establecen en los centros formativos, en los espacios de actividad económica, de actividad lúdica donde se construye la ciudad.

En un ir y venir constante, la gente va y viene, participa de la ciudad, a veces unas horas, a veces unos días, semanas años o la vida entera. Las ciudades se han configurado desde siempre gracias a la gente que viene de todas partes para hacérsela también suya. Da igual el como empieza *esa relación*, desde que pisa sus calles y sus plazas, desde que uno quiere verla, conocerla, dormir en ella, trabajar en ella, vivir en ella por unas horas, unos días, unos meses o la vida entera, debe poder ser considerado ciudadano en pie de igualdad con el resto. Todas las personas cuando pisan una ciudad deben poder mantener sus atributos ciudadanos y no deberían ser considerados de segundo rango respecto a los que llevan más tiempo residiendo allí. Se trata de aceptar la movilización ciudadana en todo el mundo y tratar de gestionar lo mejor posible sus efectos negativos o contradicciones cuando las haya. Por ello cualquier vecino -de toda la vida o de hace tan solo una semana-, debería poder tener el derecho a expresar, defender un determinado interés particular que considere mejorará su situación y/o la de todos en conjunto pero una ciudad democrática debería evitar la proliferación de una nueva forma de ideología basada en la apropiación privada por una parte de vecinos (a veces unos pocos, a veces muchos pero nunca todos) de la opinión de todos y cada uno de los vecinos y vecinas de un barrio, de un distrito o de una ciudad; deberíamos ser capaces de evitar la proliferación de una nueva expresión ideológica del populismo: *el vecinismo*. Evitar la apropiación privada y particular de la voz plural ciudadana o incluso en algunos casos directamente de un intento más o menos consciente de eliminar la pluralidad vecinal, la opinión y derecho a la ciudad de todos[139], incluso de los que quieren estar en la ciudad un rato, tomarse un café mientras contemplan la rápida evolución de las obras de la Sagrada Familia, en Barcelona, o estar sentado en las escaleras de *Sacré-Coeur*, con la mirada perdida en la ciudad París.

---

[139] Salvando las distancias dicha tendencia se puede remontar perfectamente en tiempos de la Revolución Francesa cuando el derecho de sufragio o *volonté de tous* –de todos y cada uno– queda supeditada por los jacobinos a la *volonté générale*, la voluntad general, única y sublime, cuya interpretación queda en manos, paradógicamente de unos pocos. Ver acerca de ello Antonio Escohotado, *Los enemigos del comercio*, Vol. I, Barcelona, Espasa, 2014.

2.6 EL CATASTROFICO DISCURSO DE LA MERCANTILIZACIÓN DE LA CIUDAD

Pese a los impactos positivos que pocos cuestionan, el discurso *antiturismo* ve el crecimiento de la industria turística como un resultado más de la una globalización económica basada en una presión desreguladora y liberalizadora de actividades económicas a escala planetaria, el movimiento acelerado de personas y mercancías, la energía barata, las economías de escala y la hegemonía del consumismo. Y todo ello con una creciente protagonismo en las ciudades donde el capital financiero coloniza las ciudades[140].

El catastrófico discurso de la mercantilización de la ciudad considera que vivimos una época lamentable porque la ciudad se está configurando desde lo mercantil[141]: tiendas, hoteles, restaurantes, espacios comerciales fríos y asépticos, avanzan sin cesar sustituyendo –según esta visión catastrofista– a los antiguos barrios populares, populosos y vibrantes de nuestras ciudades; los hoteles y los pisos turísticos sustituyen masivamente a la vivienda residencial, a los cálidos hogares donde desde siempre la familias se habían desarrollado felizmente. La dominación de lo mercantil -propio del presente- sobre las relaciones humanas -propias de un pasado que se desvanece a cada

---

[140] Ver la obra de David Harvey, por ejemplo.

[141] "Muchas ciudades europeas están sufriendo una auténtica plaga en forma de masas de turistas que se apropian de barrios enteros proclamados "históricos" o "tradicionales", que se ven crecientemente vaciados de lo que fue su gente. El riesgo en este caso es culpabilizar al turista de ello. El problema no es que haya turistas, sino que sólo haya turistas. No son los turistas quienes han convertido barrios y ciudades en parques temáticos, sino la gestión de la ciudad como negocio y como dinero" ver en Manuel Delgado http://manueldelgadoruiz.blogspot.com.es/2016/05/sola-para-turistas.html

momento que pasa- queda plasmada en el surgimiento constante de nuevas actividades económicas al servicio de una población flotante.

Huelga decir que según la visión catastrofista de la mercantilización de la ciudad dichas actividades económicas transforman negativamente la estructura productiva urbana: lavanderías con trabajadores invisibles sustituyen las lavanderías populares de antaño, las molestas maletas con ruedas sustituyen los bonitos carretones de la compra de nuestras madres y abuelas, los cafés cuestan el doble y los bares de siempre –aunque rancios pero populares- desaparecen. Y por si no fuera poco incluso uno puede pasear por la calle y ver anuncios en ¡Inglés, ruso o alemán! El vecindario de toda la vida, que forjó estrechas y fructíferas cotidianidades, luchas colectivas y relaciones de exquisita fraternidad es expulsado por la mentalidad mercantilizada y solo es aceptado en este nuevo mundo codicioso como trabajador temporal y precarizado. Vidas y trabajos con nombres y apellidos, con caras reconocibles son sustituidos por tránsitos y actividades indiferentes con el entorno, por usuarios que solo mantienen una relación contractual y mercantil con el espacio. Las charlas de los obreros en los descansos de las fábricas desaparecen, las estampas de mujeres conversando agradablemente, de balcón a balcón, forman parte ya del recuerdo.

Y es que para el nostálgico discurso de la mercantilización de la ciudad los antaño barrios populares son borrados del mapa ciudadano por una fuerza activa de disociación social que repele la comunidad y la asociación, la fraternidad vecinal. El discurso catastrófico nos advierte que la ciudad entera corre el riesgo de convertirse en una gran hotel, en un inmenso aeropuerto, en una máquina de *vending,* en una terminal infinita, en un juego de *Monopoly* solo apto para inversores. Y todo ello no es casual, nos advierte. Para el discurso catastrófico de la mercantilización de la ciudad todo ello es la consecuencia de una economía concreta, de una forma capitalista de producir el espacio; es el régimen de acumulación turístico-inmobiliaria, es el resultado de las prácticas rentistas, cuyos ejemplo paradigmático -como no podía ser de otra manera- son los denostados pisos turísticos. El turismo invade nuestras ciudades y lejos de generar una interrelación cultural, invade las normas, valores, actitudes, comportamientos y costumbres de una comunidad.

"El turismo inyecta el comportamiento de una sociedad despilfarradora en medio de una sociedad de necesitados"[142].

Este comportamiento puede generar en la población local sentimientos de resentimiento hacia el visitante, ya que el turista por su capacidad adquisitiva puede acceder a recursos alimenticios y de lujo a los que no puede acceder una persona local. Asimismo:

"el turismo transforma la cultura del pueblo anfitrión en mercancía enlatada para uso del turista. (…). El nativo ha de mercantilizar su cultura para que el turista pague por ella."[143]

Un aspecto relevante en cuanto a la pérdida de valores locales es:

"el hecho de que el turismo traslada ciertas relaciones humanas informales y tradicionales al plano de la actividad económica, convirtiendo actos que, por ejemplo, antes eran de hospitalidad espontánea en transacciones comerciales"[144].

Este aspecto es alarmante no sólo para las comunidades locales sino para los turistas, quienes en muchos destinos turísticos llegan a sentir que sólo son valorados por su dinero, dejando en el pasado la hospitalidad que hacía del encuentro entre el visitante y el anfitrión una experiencia humana. La ciudad se *turistifica* favoreciendo la pérdida de significado de las expresiones culturales convirtiéndolas, por ejemplo en algunos casos, en meros espectáculos teatrales[145].

---

[142] Como declara Bouhdiba citado por De Kadt, E., *Turismo: ¿Pasaporte al desarrollo?: Perspectivas sobre los efectos sociales y culturales del turismo en los países en vías de desarrollo*, Madrid, Ediciones Endymion, 1991.

[143] F. Jurdao, *Los Mitos del Turismo*, Madrid, Ediciones Endymion, 1992.

[144] De Kadt, E., *Turismo: ¿Pasaporte al desarrollo?: Perspectivas sobre los efectos sociales y culturales del turismo en los países en vías de desarrollo*, Madrid, Ediciones Endymion, 1991.

[144] F. Jurdao, *Los Mitos del Turismo*, Madrid, Ediciones Endymion, 1992.

[145] "Las danzas y rituales autóctonos son un ejemplo claro. En muchos países se muestran en forma de atracción para los turistas, fuera de su contexto cultural y de su razón de ser original" Gascón y Cañada (2005: 83).

Más de allá del tono apocalíptico y de otras muchas consideraciones que se le podrían hacer, lo paradójico del discurso catastrófico es que basa lo definitorio de la ciudad en lo no comercial cuando casi podríamos decir que ciudad es sinónimo de comercio, y por lo tanto de relaciones mercantiles. Y es que ya desde el lejano siglo VIII el florecimiento de pequeños núcleos de población tiene que ver fundamentalmente con el auge de las relaciones comerciales. El intercambio, la importación y exportación de productos atrae a un sinfín de personas del campo a la ciudad seducidos por la posibilidad de liberarse mediante el lucro, la obtención de beneficios a través de la producción y/o intercambio de algo y por la consecuente expectativa de poder dejar atrás la relación de servidumbre o de semiesclavitud propia de la sociedad feudal. Así herreros, carpinteros, pelliceros, zapateros y tantos otros negocios crean ciudad al mismo tiempo que atraen nuevas actividades comerciales en un auge comercial que provoca por sí mismo a partir de los siglos IX y X el nacimiento de ciudades.

Es por lo tanto -contrariamente al discurso catastrófico de la mercantilización de la ciudad- entorno a ferias y enclaves comerciales de importación y exportación de mercancías, donde se configuraran buena parte de las ciudades medievales que han llegado hasta nuestros días. Y mientras la Iglesia Católica trata de impedir como sea ese cambio radical demonizando toda relación comercial que ve como un pecado de lucro y avaricia, las ciudades siguen su curso porqué lejos de rechazar las reglas de mercantilización, hacen de ellas el germen de una nueva realidad urbana. Y ello parece del todo lógico porque es mediante las reglas del comercio que se posibilita la liberación de la servidumbre y del semi-esclavaje al señor feudal. Más que oprimir es justamente la relación mercantil la permite gozar de una libertad sin precedentes y la que hará famosa la frase "el aire de la ciudad hace libre".

Las relaciones comerciales han construido nuestras ciudades por lo tanto y lo siguen haciendo -como no podía ser de otra manera- mil años después. ¿Porqué entonces está obstinación en denunciar las prácticas mercantiles en la configuración del espacio urbano? ¿Porqué esta persistencia en oponer relaciones humanas, francas y solidarias, con relaciones mercantiles, frías, egoístas e insolidarias? El discurso catastrofista de la ciudad insiste en situar así a todo tipo de operador bajo el mismo epígrafe: es lo mismo un ciudadano que alquila un piso a un turista que una gran empresa hotelera, es lo mismo la terraza de un pequeño restaurante que la de una gran cadena de restauración, lo mismo representa una pequeña empresa mercantil que una gran corporación. Para el discurso catastrofista de la mercantilización de la ciudad como en el siglo XII, el pecado es anteponer lo mercantil a lo humano.

Ciertamente es comprensible que ante los efectos de la globalización haya movimientos y tendencias a cerrarse, a resistirse al cambio, a reacciones *resistencialistas* o tentaciones a crear burbujas temporales de autonomía que tiendan a aislarse para acercarse a la pureza de unas relaciones no mercantilizadas, auténticos espacios dotados de épica -y estética- revolucionaria configurados a partir de la confrontación con un entorno impuro y totalmente mercantilizado. Es indudable que uno se acerca más a la pureza cuanto más corte toda relación con cualquier sistema económico, social o cultural dominante, puesto que un diálogo con la realidad dominante solo puede conllevar ceder en los propios principios fundamentales. Los millares de eremitas que en el siglo III poblaban el desierto egipcio de la Tebaida[146] lo tenían claro: había que alejarse como fuese del mundo material.

El problema actual es que cuanto más puros se pretendan aquellos que demonizan la creciente mercantilización de nuestras ciudades, cuando más se quiere cerrar la relación con el sistema dominante más se favorece la mercantilización de la ciudad en beneficio exclusivo de grandes operadores globales, más nos aleja de una economía ciudadana, creada, gestionada y orientada en sus efectos por sus propios ciudadanos. La paradoja es que el catastrófico discurso de la mercantilización de la ciudad obstinándose en una separación ficticia entre lo humano y solidario por un lado, y lo mercantil y desprovisto de atributos ciudadanos por el otro, termina favoreciendo a los grandes operadores, a las grandes corporaciones capaces de superar

---

[146] Mircea Eliade, *Historia de las creencias e ideas religiosas*, Madrid, Ediciones Cristiandad, 1983.

cualquier resistencia o freno que se les ponga por delante que trate de impedir optimizar su capital.

Quizás para algunos eso sea deseable por aquello de cuanto peor mejor, quizás porque así queda más patente lo diabólico del capitalismo, pero para otros sin duda la crítica a toda forma mercantil privada es un error, especialmente si de lo que se trata es de construir una economía ciudadana, donde los ciudadanos gestionen mayoritariamente los medios de producción de una ciudad determinada. El problema por lo tanto no debería ser la existencia de relaciones mercantiles en la ciudad ni que estas tengan impacto en la configuración del espacio privado y público, sino quien debe liderar esos procesos mercantiles y quien debe beneficiarse principalmente de ellos…si los ciudadanos pueden aspirar, más que a ser receptores de una redistribución fiscal, a ser y actuar como productores.

La cuestión por lo tanto no debería ser como en el siglo XII, mercantilización si o mercantilización no, sino que tipo de operadores deben priorizarse en las relaciones mercantiles urbanas: si priorizamos al ciudadano particular frente a una gran empresa, si apostamos por la pequeña y mediana empresa frente a grandes corporaciones globalizadas o, más allá de la redistribución económica, qué grado queremos de democratización en la creación y producción de la riqueza de nuestras ciudades.

Antes sin embargo de pensar en formas de orientar la economía urbana puede ser pertinente preguntarnos acerca de hasta qué punto un cierto *pobrismo* entendido como virtud está instalado en nuestras sociedades...

2.7   EL POBRISMO COMO VIRTUD

El pobrismo tiene una larga historia que alcanza como mínimo hasta pocos años antes del nacimiento de Jesús con la secta ebionita o de los "hombres pobres" tal y como desarrolla Antonio Escohotado a lo largo de su Historia moral de la propiedad[147].

Simplificar esta Historia en unas pocas líneas es sin duda temerario pero para entendernos podríamos convenir que el éxito del pobrismo empezó cuando la famosa idea según la cual los últimos serían los primeros cuajó. Si uno se lo cree parece razonable pensar entonces que "ser llamados pobres no es nuestra desgracia sino nuestra gloria".

Dos mil años después parece que algo de esa lejana mentalidad ebionita sigue intacta en determinados ámbitos de nuestra sociedad. Y es que en según que sectores sociales la riqueza sigue considerándose algo pecaminoso. De tanto insistir en ello es frecuente por ejemplo ver en cualquier medio de comunicación algún tertuliano alardeando por el hecho de vivir en régimen de alquiler o de apenas tener nada en propiedad.

Cuando más a la izquierda sea el representante más deberá justificar su patrimonio y si forma parte del activismo social deberá incluso excusarse cuando tenga activos, atribuyendo motivos hereditarios o familiares para exonerarse de cualquier responsabilidad directa. También en la emergente economía colaborativa hay quien sigue esa línea propia del complejo de culpa insistiendo en que de lo que se trata es del acceso y no de la propiedad en una nueva reedición del clásico ser versus tener.

---

[147] Antonio Escohotado, *Los enemigos del comercio*, Vol. I, Barcelona, Espasa, 2014.

En cualquier caso en determinados ambientes -y aún habiendo obtenido el perdón en forma de respeto o ausencia de acusación- lo que siempre será moralmente intolerable, tanto ahora como hace dos milenios entre los ebionitas, es la manifestación explicita de la voluntad de lucrarse. Y ello es así porqué subsiste la idea pecaminosa del lucro, tantas veces demonizada por la Iglesia en los lejanos siglos X y XI escandalizada cuando los primeros emprendedores mercantiles compraban una cosa a 10 y la vendían a 20 miles de kilómetros más allá.

Por aquel entonces aquello era considerado usura y por lo tanto como pecado porqué ¿Como podía ser que algo que no había sido transformado fuese alterado en el precio? Ganar dinero implicaba trabajar -proveniente de *tripalium*, instrumento de tortura romano-, sufrir. Lo que no era admisible era que uno pudiese ganar dinero, más que el suficiente y encima ser feliz. Eso era inmoral. Aún hoy hay quien distingue el alquiler de un apartamento turístico y el intercambio de casa, liberándose de todo complejo de culpa porque simplemente en la segunda opción no hay transacción económica. Si no hay dinero de por medio, no hay pecado.

Aunque alguien podría suponer que sí pero el enemigo del pobrista no es el rico o aquel que dispone de un ingente patrimonio heredado ni el que dispone de acciones en corporaciones multinacionales. A menudo ese patrimonio se disfruta con discreción y por otro lado, muchos de entre los ricos, participan directamente o indirectamente a través de su prole en ambientes y proyectos de corte pobrista tratando de liberar a las masas esclavizadas por la dictadura de la codicia y la adicción al dinero.

El enemigo del pobrista es en realidad el pobre que quiere dejar de serlo. Toda aquel que no vive la pobreza como una virtud ni tampoco vive el bienestar de los demás con rencor si no más bien con una cierta y/o sana envidia, incluso como un estímulo a lo que aspirar. Por ello es demonizado. Es el imbécil que va a un centro comercial, el alienado que ve la televisión, el estúpido que navega en un crucero o el que no lee a Richard Sennet maldiciendo a Airbnb porque destruye nuestras ciudades -aunque él, claro está, haya viajado y consumido probablemente más CO_2 que buena parte de la población de las muchas ciudades que ha visitado en todo el mundo.

Y es que el pobrismo en realidad no combate la desigualdad. Ni tampoco la riqueza extrema sino a todo aquel que perteneciendo a una clase obrera, proletaria o pobre, no le dé la gana -a ser posible- pertenecer a ella. Ni por conciencia ni por nada... El que siendo pobre no quiere ser pobrista, sino simplemente dejar de ser pobre. No tiene conciencia de clase ni la quiere tener. Quiere un poco más. Aunque ello le suponga una mirada o comentario inquisitorial del pobrista.

En un caso así el pobrista intentará convencerlo, en palabras de Saramago "colonizar su pensamiento". Convencer a todo aquel que quiera lucrarse que todo intento de escapar de su condición precaria es en vano; le insistirá que en el mundo cuatro personas son tan ricas como mil millones; le intentará trasmitir el rencor del pobrista y esa idea subyacente según la cual parece que si esas cuatro personas dejasen de serlo el resto aumentaría de nivel de forma automática.

Le insistirá que el capitalismo aumenta la desigualdad sin reconocer en ningún caso que antes del capitalismo las condiciones de miseria eran ciertamente bastante igualitarias, que el capitalismo tiende a la concentración del capital, a generar monopolios del poder de los cuáles no hay posibilidad alguna de escapar.

El pobrista le preguntará ¿Porqué si no unos pocos tienen tanto y tantos tienen tan poco? ¿Es que los primeros son más listos?¿Más trabajadores o más astutos? Y tratará de explicarles que su situación nada tiene que ver con su voluntad, su esfuerzo, su tenacidad o, simplemente, su suerte. El pobrista intentará convencerle que su suerte está echada debido a unas condiciones sociales que más que condicionantes son absolutamente determinantes. Como dice David Harvey "Más que contra la pobreza deberíamos luchar contra la riqueza"[148].

Por eso el peor enemigo del pobrista es aquel que considera la pobreza y la austeridad como una situación que debe y puede ser transitoria y va hacer todo lo –éticamente- posible para salir de ella. Sin

---

[148] David Harvey, Diecisiete contradicciones y el fin del capitalismo, Quito, IAEN, 2014.

ser necesariamente un fanático del dinero y del despilfarro aprecia el dinero como mecanismo para obtener placer. Y es que el dinero es sin duda una inmejorable vía hacia el placer: el placer de poder pagar las facturas; el placer de poder vestir de acuerdo al propio estilo y no el impuesto por un grupo social; el placer de no depender de nada ni nadie; el placer de poder viajar a otra ciudad; el placer de invitar a un amigo a comer o el de regalar un ramo de rosas a tu madre.

Sin duda el peor enemigo del pobrista es aquel que aspira a ser libre, simplemente y llanamente, a su manera, aquel que más que querer que el pobrista le dé la mano, a lo que aspira es a que se la quite de encima.

2.8   RETROPROGRESISMO

Una idea se considera progresista cuando puede facilitar que el presente progrese en relación a una época pasada considerada más primaria, más difícil, más ignorante o más injusta. Ante un pasado y un presente que debe mejorarse el progresismo reclama tradicionalmente la mejora continua a través de la innovación personal, social, económica, política y cultural. Oscar Wilde lo expresó en una de sus famosas frases "El progreso no es más que la realización de las utopías[149] y Eduardo Galeano de una manera parecida:

"La utopía está en el horizonte. Camino dos pasos, ella se aleja dos pasos y el horizonte se corre diez pasos más allá. ¿Entonces para qué sirve la utopía? Para eso, sirve para caminar"[150].

En ambas frases la utopía tiene un sentido de futuro, de avance y de practicidad, de *utilidad* en el sentido que Stuart Mill le quiso dar[151]:

"El credo que acepta como fundamento de la moral la Utilidad, el Principio de la Mayor Felicidad, mantiene que las acciones son correctas en la medida en que tienden a promover la felicidad, incorrectas cuando tienden a producir todo lo contrario"

Es por ello que el progresismo nació como patrimonio de los defensores de la libertad en todos sus ámbitos: en el personal, el sexual, el artístico, el cultural, el de pensamiento, el político o el económico. El progresismo fue así impulsado tanto por los liberales de izquierdas -más proclives en principio a un papel activo del Estado para compensar las menores capacidades/oportunidades ajenas y distribuir libertad-, como por los liberales de derechas -más proclives a dotar

---

[149] Oscar Wilde, *El alma del hombre bajo el socialismo*, Barcelona, El Viejo Topo, 2016.

[150] Ver en: https://www.youtube.com/watch?v=GaRpIBj5xho

[151] John Stuart Mill, *El utilitarismo*, Alianza Editorial, Madrid, 1991.

papel menor del estado ante el riesgo de coerción respecto a la libertad de los ciudadanos. Entre este gran espectro donde podríamos incluir tradiciones opuestas pero unidas por el hilo conductor de la democracia como mecanismo de gestión pacífica de la diversidad ideológica, el progresismo ha construido su camino con la mirada siempre puesta en un futuro que debía ser siempre mejor que el presente... Desde la Ilustración se trataba de transformar el mundo, de mejorarlo, a partir de la difusión de conocimientos dotando a los seres humanos de los medios intelectuales necesarios para llevar a cabo este cambio ante las enquistadas instituciones tradicionales. "Tradicionalmente la diferencia entre progresivo y conservador se correspondía con el pesimismo y el optimismo, en el orden antropológico y social. Mientras que el progresismo se inscribía en un desarrollo histórico hacia lo mejor, el conservadurismo, por decirlo con expresión de Ernst Bloch, ha estado siempre dispuesto a aceptar una cierta cantidad de injusticia o sufrimiento como un destino inevitable"[152].

El progresismo apela por tanto a todas aquellas personas que quieren superar tanto las estructuras políticas como mentales de una sociedad determinada, no enquistándose en la demonización del presente sino más bien procurando aportar las mejoras individuales y colectivas posibles preservando los difíciles equilibrios en una sociedad plural y diversa: apostar por ejemplo por la extensión universal de la educación, de la sanidad, por una mayor distribución de la riqueza, por una mayor distribución de la capacidad para crearla esforzándose por encontrar el equilibrio entre igualdad y libertad, o tratar de aprovechar tanto como sea posible las innovaciones técnicas y tecnológicas para mejorar en general las condiciones de vida de las personas.

Sin embargo en la actualidad parece expandirse un tipo de progresismo que reclama cambiar el presente -que se considera negativo, desigual e injusto-, más que mirando hacia adelante girando la mirada hacia atrás recuperando todo tipo de valores pasados, épocas

---

[152] Daniel Innenarity, *La revolución liberal de la socialdemocracia*, 2010. Disponible en https://www.danielinnerarity.es

superadas donde sin embargo se considera que todo era mejor que ahora: es el retro-progresismo. Con el retro-progresismo de lo que se trata es de recuperar las relaciones humanas de antes; de devolver la ciudad a sus vecinos; de reconquistar el espacio público; retomar la autoridad paternal perdida; la de los maestros; el respeto de antaño; la buena educación de antes; que niños y niñas vuelvan a jugar en calles y plazas; de recuperar el tejido económico local; las tradiciones; la cultura de la buen comer y todo un sistema de vida que desde el Neolítico - como mínimo- hemos ido perdiendo. Ante un pasado idealizado donde la fraternidad y la humanidad dominaban las relaciones personales y sociales se opone un presente y sobre todo un futuro oscuro donde más allá del cambio climático -que me temo sí es bien real-, todo se mercantiliza, todo se individualiza y todo adquiere una tendencia tenebrosa: la tecnología nos domina y nos despersonaliza; la economía también; las multinacionales acaparan y acabarán por homogeneizarlo todo, el futuro es oscuro, negro, trágico, de modo que la única vía para tener esperanza es recuperar todo lo bueno que hemos perdido, la mejor manera de avanzar es retroceder, decrecer para crecer, recluirse para liberarse. Ciertamente el panorama retro-progresista es desolador.

Sin embargo -y más allá de la amenaza real del cambio climático-, si se levanta la mirada y se toma una cierta perspectiva histórica se puede constatar que el retro-progresismo no suele reivindicar fechas concretas. En la denuncia del capitalismo industrial por ejemplo no se reclama volver al escenario del siglo XVII donde las relaciones económicas eran totalmente dominadas por terratenientes y aristócratas, y mucho menos se habla de recuperar el sistema feudal con todas sus consecuencias (semiesclavitud, derecho de pernada hasta finales del XV entre una larga lista de dominaciones). En cuanto a las ciudades se denuncia la creciente mercantilización urbana pero no se pide volver a las ciudades previas al nacimiento del urbanismo donde el chabolismo, la insalubridad y la ausencia de espacio público era total; se critica el turismo de masas pero nadie está dispuesto a renunciar a su viajecito -por modesto que sea-, ni a volver a las épocas pasadas cuando sólo cuatro ricos disfrutaban de vacaciones; se denuncia el peso de las multinacionales pero nadie reclama volver a las condiciones socioeconómicas del XIX previas a la gran industrialización; se alaba el empuje revolucionario francés pero poco se cita que la gente allí se moría literalmente de hambre; se demoniza la globalización pero nadie quiere volver a los sistemas prácticamente autárquicos de la alta edad media. Se demoniza el turismo de masas pero no se recuerda –o no se quiere recordar– que en ese pasado idealizado –precapitalista– solo viajaban los aristócratas, principalmente europeos y que hasta el siglo XIX era un fenómeno meramente masculino simplemente porqué a las mujeres no se les permitía, como tantas otras cosas, el placer de viajar.

En el siglo XVIII el progreso, los progresistas, apostaban no sólo por la libertad política, sino también por la libertad económica. Las distintas tradiciones que la configuraron –desde Locke y Hume hasta Voltaire y Kant– defendían el libre mercado, el comercio mundial abierto y creían en la capacidad civilizadora del afán individual de ganancia[153]. El conservadurismo, los restauracionistas reclamaban un estricto control estatal sobre la vida económica de modo que la primera crítica radical del capitalismo provino del conservadurismo hoy asociado a la "derecha". En el siglo XIX esta correlación fue invirtiéndose con un progresismo cada vez más asociado al colectivismo hasta defender a ultranza la idea de la planificación, se convirtió en defensora de la planificación estatal[154]. Así, la *derecha* inicialmente antiliberal se fue transformando hasta llegar a ser la abogada de la libertad empresarial asociando hasta nuestros ideas, derecha, capitalismo y neoliberalismo. En realidad sin embargo la idea del *laissez-faire* no fue nunca monopolio del liberalismo burgués[155] porqué estuvo bien presente incluso en las aspiraciones libertarias del

---

[153] Daniel Innenarity, *La revolución liberal de la socialdemocracia*, 2010. Disponible en https://www.danielinnerarity.es

[154] "Mediante la represión de las corrientes libertarias del movimiento obrero que llevaron a cabo Lassalle y Marx" Daniel Innenarity, *La revolución liberal de la socialdemocracia*, 2010. Disponible en https://www.danielinnerarity.es

[155] Expresión que François Quesnay, médico personal de Luis XV, parece que opuso al dirigismo tradicional en Francia partiendo a su vez del hacendista Boisguillbert (1646-1714) que había expresado con anterioridad *"laissez-faire la nature et la liberté"* Antonio Escohotado, *Los enemigos del comercio*, Barcelona, Vol. II, Espasa, 2017.

movimiento obrero por ejemplo cuando los primeros movimientos sindicales aceptaban plenamente la propiedad privada y la economía de mercado como las condiciones para mejorar sus condiciones de vida y de trabajo, así como para una mayor y más barata oferta de bienes[156].

Ciertamente, el presente sigue necesitando mejoras, muchas mejoras, como siempre. Y por eso sigue siendo necesaria una mirada progresista que más allá de empeñarse en tratar de frenar en vano la innovación tecnológica o querer dirigir el impulso social que no controla nadie, tenga la habilidad y la sabiduría suficiente para aprovecharse de ella y transferirlo para una continua mejora individual y colectiva. Ello requiere de una mirada abierta y de largo alcance, superar el miedo y el vértigo al cambio, adaptarse al cambio acelerado y salir de la zona de confort intelectual y del conservadurismo creciente, del querer que todo se detenga. Superar una vez más el miedo a la libertad.

Al fin y al cabo el problema del retro-progresismo[157] es que la reivindicación de un pasado idealizado lo hace estéril porqué las fuerzas reales y presentes siguen actuando mientras la desesperanza se recluye en la indignación, la queja y la nostalgia de un pasado que nunca volverá porqué probablemente y sencillamente nunca existió.

---

[156] Daniel Innenarity, *La revolución liberal de la socialdemocracia*, 2010. Disponible en https://www.danielinnerarity.es y Antonio Escohotado, *Los enemigos del comercio*, Barcelona, Vol. II, Espasa, 2017.

[157] Zigmund Baumann define "Retrotopia" a diferencia de la *Utopía* de Thomas Moore como un lugar mejor que todavía no se ha hecho realidad, como un lugar que no existe pero no porque todavía no se ha hecho realidad, sino porque ya ha dejado de existir. Para Bauman la "retrotopía" simboliza la añoranza de un pasado que se idealiza pero que no se puede recuperar. Para mí, "retroprogesismo" implica además de añoranza, una acción determinada a recuperar ese pasado idealizado, aunque haya quien piense que no se puede recuperar. Zygmunt Bauman, *Retrotopía*, Barcelona, Paidós, 2017.

2.9 ¿UN MUNDO SIN TURISTAS?

Al principio del libro hemos podido constatar que en términos históricos hasta hace bien poco eran muy escasas las personas que se podían permitir el lujo de viajar por puro placer. En la actualidad parece poco discutible que los que lo hacen son por lo tanto muchos millones más aunque bien es cierto que son todos las habitantes de la tierra los que viajan, aproximadamente se calcula que *solo* el 20% de la población mundial[158].

Desde una perspectiva democrática parecería que dicha constatación es una buena noticia, un dato positivo de progreso y mejora tanto en libertad como en igualdad. El turismo de masas se acepta por lo tanto como expresión que representa el logro social que supone la democratización del mismo y al acceso a él de una buena parte de la población -la mayoría de la población en sociedades occidentales. Por este motivo el discurso *anti-turismo* impone la denominación turismo masivo como muestra de la preocupación por el engrose de unos flujos de turistas que amenazan nuestras ciudades con toda suerte de consecuencias negativas, algunas de las cuáles ya hemos comentado: homogenización cultural, precarización laboral, aumento precios de los alquileres, contaminación ambiental, mercantilización de la ciudad, *turistización* y un largo etcétera de agravios que nos abocan a un destino catastrófico. Si el turismo de masas podía aceptarse por el razonamiento democrático, el turismo masificado debe rechazarse por este mismo motivo.

Por turismo masivo se entiende fundamentalmente como la superación de la capacidad de carga de un territorio (densidad

---

[158] B. Duterme, "Expansion du tourisme international: gagnants et perdants", Alternatives Sud, Paris, Syllpese, vol. 13: 7-22. http://www.cetri.be/Expansion-du-tourisme?lang=fr

ocupacional expresada en una cifra de ocupación límite), con todas las reacciones y resiliencias que ello genera en un entorno determinado. Dado que es un concepto derivado de las ciencias físicas aplicado a las ciencias sociales surgen todo tipo de complejidades. Sin ir más lejos ¿Quién calcula y como las cuotas que se establecen en un determinado territorio? La capacidad de carga refleja por lo tanto en primera instancia la percepción social o de determinados grupos sociales acerca de la densidad de visitantes en un lugar determinado, pero siempre será relativa respecto al perfil psico-social de cada individuo además de connotaciones de tipo ideológico. Lógicamente como norma general cuanto mayor sea el interés y la proximidad al sector turístico que tenga una persona (tanto en términos tanto de actividad económica como de vida cotidiana), mayor será su percepción sobre problemática de la capacidad de carga, decantándose por medidas más o menos restrictivas en función de una combinación de factores (sociales, económicos, ideológicos y culturales).

Parece razonable pensar que en las ciudades con más visitas turísticas y con una mayor densidad surjan reacciones contrarias o de rechazos a él. Por ello suelen aplicarse medidas correctoras que pretenden controlar y reorientar los flujos turísticos (mediante el aumento del precio de acceso, implantación de tasas turísticas, diseño de ciudades inteligentes en clave de sostenibilidad o el marketing inverso) pero no suelen ser suficientes para mitigar una cierta *turismofobia*. Y es que pese a sus esfuerzos por denunciar los efectos perniciosos del turismo –y obviar, claro está los positivos- que el discurso *anti-turismo* masificado se encarga de propagar en sus incontables viajes por todo el mundo, el turismo no para de crecer. Y es que el turismo no es sino la consecuencia una de las consecuencias de una globalización que abre nuevos espacios de relaciones económicas, políticas y sociales con evidentes efectos sobre el comportamiento demográfico mundial, las culturas locales o las identidades urbanas.

Cuando la capacidad de carga de un destino asume cierto protagonismo suelen aplicarse medidas correctoras que pretenden controlar y reorientar los flujos turísticos (mediante el aumento del precio de acceso, implantación de tasas turísticas, diseño de ciudades inteligentes en clave de sostenibilidad o el marketing inverso). Hay quien considera sin embargo mejor la apuesta por el decrecimiento turístico que puede ser razonable cuando se trata de preservar aunque debe matizarse bien y proponer las vías mediante las cuales se puede equilibrar el derecho al turismo y la sostenibilidad ambiental para no caer en discursos nostálgicos o directamente la reivindicación de volver a un turismo elitista. Cabría reflexionar que el camino hacia un turismo integrador, social, económica y ambientalmente necesita ideas más originales que volver a un pasado más injusto, con más desigualdades y menos libertad. Ese tradicionalismo, disfrazado de progresismo va en contra de nosotros mismos y de la justicia social que hemos conquistado hasta ahora. Quizá más que limitar los flujos de personas que quieren moverse sin pedir permiso sería trata de entender el turismo como un ejercicio de convivencia urbana entre iguales, avanzar probablemente hacia un turismo ciudadano.

El discurso *anti-turismo* se desespera cuando se constata que se habla de decrecimiento turístico cuando en el mejor de los casos –para ellos- *solo* se redistribuye, cuando mejoras urbanas en barrios degradados sirven a su vez para aumentar el atractivo turístico, cuando proteger tradiciones y barrios "populares" aumenta el interés foráneo, cuando aumentar las zonas verdes o ampliar los carriles bicis atrae a personas de todo el mundo a vivir en ellas –y al capital para acomodarlas. Igualmente cuando se observan paradojas urbanas como la de la gentrificación verde o del espacio público cuando todo lo que se hace para mejorar la ciudad se convierte en un reclamo más para los turistas.

Los defensores del discurso *anti-turismo* deberían ser más consciente que la idea clave y de fondo que permite y genera todo ello es la libertad de circulación de capitales, mercancías y personas a nivel mundial. El discurso y la acción *anti-turismo* debería en buena lógica encaminarse por lo tanto hacia la denuncia persistente de la globalización y de todos sus efectos negativos –obviando por supuesto los positivos-, enfatizando los efectos negativos de la globalización (genera *dumping* social, inmigración forzada por motivos económicos, bélicos, movilidad voluntaria masificada en forma de turismo o relaciones comerciales entre otro) advirtiendo e ilustrando a nuestros conciudadanos como todo ello –con datos- va contribuyendo a horadar poco a poco, pero cada vez más rápido, nuestras queridas estructuras sociales tradicionales.

El discurso *anti-turismo* debería ser consciente que *solo* aplicando *racionalidad* en el ámbito socio-económico-político de la interacción humana, con un estado racional como potencia ordenadora y creadora, podrá ser capaz de conseguir un mundo sin turistas. Por ello los irreductibles del discurso *anti-turismo* –excepto del suyo, claro está- deberían recuperar cuanto antes al filósofo alemán Fichte y su *Estado comercial cerrado*[159], donde ya en 1800 proponía que "la influencia incontrolable del extranjero debe ser excluida; y el Estado racional es un Estado comercial cerrado, lo mismo que es un reino cerrado de leyes e individuos".

El Estado comercial cerrado de Fichte podría terminar así de un plumazo con el comercio internacional, con la inmigración, con la globalización económica y globalización demográfica, el *dumping* social y con todos los efectos negativos del turismo masivo:

"el punto esencial del tránsito de todos los sistemas políticos actuales (...) al sistema, según nuestra opinión, únicamente verdadero y exigido por la razón, consiste en que el Estado se cierre completamente a todo intercambio con los países extranjeros, y de ahora en adelante forme un cuerpo comercial separado, lo mismo que hasta el momento ya ha formado un cuerpo jurídico y político separado".

De acuerdo el discurso *anti-turismo* el turismo masificado que invade nuestras ciudades representa un ataque a nuestra soberanía económica –y por extensión -a la soberanía económica del Estado, a la soberanía nacional- de modo que ésta solo será posible cerrándose a toda relación externa. La única clausura cuyo carácter es imperativo para Fichte se da en el plano comercial y espacial, puesto que sin clausura comercial y cierre permanente de las fronteras naturales no puede existir plena soberanía y autodeterminación del Estado moderno. Una vez conseguido el cierre comercio la soberanía nacional será plena:

---

[159] Fichte, J.G., *El Estado comercial cerrado*. Madrid, Tecnos, 1991.

"Es evidente que en una nación tan cerrada, cuyos miembros conviven solamente consigo mismos y muy pocos con extranjeros; en una nación que conserva mediante aquellas medidas su forma de vida particular, sus instituciones y costumbres; en una nación que ama profundamente su patria y todo lo nacional: muy pronto surgirá un alto grado de honor nacional y un carácter nacional muy peculiar".

Lo que no debe permitirse, por el otro lado, es que la "ociosa curiosidad" sea libre. Fichte no era, como los irreductibles anti-turismo nada proclive al turismo ocioso. Pero y ¿Entonces? ¿Como puede seguir viajando la élite política, social y cultural que denuncia el turismo masificado? Fichte también aporta una solución a ello:

"El derecho a viajar por fuera de un Estado comercial cerrado está reservado para los intelectuales y para los técnicos de rango superior; ya no se permitirá a la ociosa curiosidad ni al afán de diversión llevar de un lado para otro su aburrimiento por todos los países"

En el sentido de estimular la interacción intelectual y cultural con otros pueblos, Fichte considera necesario que el Estado estimule el derecho a viajar entre los intelectuales y ciertos técnicos de rango superior. Este intercambio no solamente es saludable, sino que además es muy necesario por cuanto estos intercambios redundan, según Fichte, en beneficio para la humanidad entera.

Tanto él como las élites políticas, sociales y culturales que rechazan el turismo masivo podrán por lo tanto seguir viajando para poder explicar las bondades de un Estado comercial cerrado, donde el Estado ya provee a cada cual según lo que necesite, se evita caer en manos del capital global y la importancia que la gente asuma el derecho y el deber de no viajar –excepto los mejores representantes de la corriente anti-turismo, claro está[160].

---

[160] Debemos recordar en este sentido que las críticas más contundentes a la actividad turística relativas su impacto ambiental afecta tanto al turismo masivo como al alternativo o de pequeño formato: "los turismos de pequeño formato, al ser minoritarios, generan una presión sobre los recursos y ecosistemas menores en términos absolutos. Sin embargo, cuando no adoptan un modelo de turismo sostenible, su impacto en término relativos, es decir, en relación al número

Se habrá dado la vuelta completa, explicando todas las bondades –y no lo negativo- de un mundo sin turistas.

---

de participantes, puede ser mayor" J.Gascón. y E. Cañada,*Viajar a todo tren: Turismo, desarrollo y sostenibilidad*, Barcelona, Icaria, 2005.

2.10 ¿ANTICAPITALISMO O COMUNISMO?

Sin duda el capitalismo tiene luces y sombras. Como casi todo. Por un lado es incuestionable que su aparición supuso el principio del fin de un sistema de castas, de una sociedad estamental, donde la movilidad social era inexistente: si nacías campesino, campesino morías, si eras noble, noble morías.

De acuerdo con Antonio Escohotado, con suerte y tenacidad el capitalismo ofrecía una posilidad de movilidad social que aunque fuera mínima era algo revolucionario respecto al régimen anterior[161]. Por otro lado también es incuestionable que el libre comercio a menudo ha sido más un mito más que una realidad dado que el capitalismo corporativo se instaló desde buen principio, imponiendo sus intereses no a partir del ingenio empresarial si no mediante posiciones políticas y militares de proteccionismo y dominación.

Sea como fuere el capitalismo es el sistema económico del presente y en consecuencia parece razonable pensar que es desde ahí donde deben tratar de abordarse la infinidad de retos sociales, económicos y políticos que cualquier sociedad que quiere considerarse civilizada debe plantearse: la extinción de los conflictos armados, de la pobreza extrema, del cambio climático o del excesivo poder corporativo respecto al sistema político democrático.

Sin embargo no todo el mundo considera que ello deba ser así. Subsiste un pequeño reducto de *irreductibles* que resisten al embate capitalista. Aunque viajen como el que más, aunque usen *Google, Apple, Microsoft* o lleven tejanos, dichos incorruptibles consideran que la causa de todos los males sociales, económicos y políticos reside en el capitalismo de modo que, en buena lógica lo que hay que hacer es

---

[161] Antonio Escohotado, *Los enemigos del comercio*, Barcelona, Vol. II, Espasa, 2017.

simple y llanamente destruirlo. Y es que para el anticapitalista destructor el capitalismo no es más que un sistema económico dictatorial que destruye vidas con un poder concentrado en sus clases dominantes afanadas en proteger sus intereses y defender el *status quo*.

El sistema capitalista no tiene remedio y, por lo tanto, solo queda aplastarlo. Para el anticapitalista destructor cualquier intento para humanizar el capitalismo ha fracasado y fracasará. Si bien puede aceptar a regañadientes que se consigan pequeñas reformas que mejoran la vida de las personas, con agilidad y rapidez suele recurrir a Simone de Beauvoir para repetir solemnemente aquello de que "el opresor no sería tan fuerte si no tuviese cómplices entre los propios oprimidos".

En otras palabras, si el sistema bien puede ofrecer algunas mejoras éstas siempre serán frágiles y vulnerables a los ataques, fácilmente reversibles por el poder real porque en realidad solo son una fachada de legitimación al sistema opresor capitalista que hay -insisten- que destruir.

Y para hacerlo también hay que destruir previamente la idea según la cual el capitalismo se puede convertir en un orden social benigno, en el que la gente común puede vivir una vida plena, incluso con sentido, más allá de limitarse a tener hijos (sin considerarse proletarios, de prole, los que -solo- tienen hijos porque el sistema no les permite hacer nada más…). Si así lo siente es que no están en su sano juicio, sin duda es una ilusión.

La pregunta obvia que uno puede plantearse es "De acuerdo, pero ¿Como se destruye?" Si la pregunta se hace a un anticapitalista destructor suele dar paso a una cierta pausa dramática que anticipa un largo discurso que, para agilizar, se puede sintetizar de la siguiente manera: se trataría de tener un apoyo mayoritario en todo el mundo que permitiese disponer del poder suficiente para destruir y reemplazarlo por una alternativa mejor.

En definitiva se trata de actuar como cuando uno sufre un pinchazo de una rueda, se sustituye por la buena y !A rodar! Como la explicación no parece muy convincente ni se ven claramente los plazos ni la operativa concreta, no hay más remedio que recurrir entonces a la teoría comunista revolucionaria, inspirada en Marx, Lenin y Gramsci entre otros: se trataría de aprovechar un contexto de disrupciones y crisis del propio sistema.

Dado que el sistema capitalista está a punto de expirar, de desaparecer y de colapsar se proporciona un contexto oportuno para que un partido revolucionario pueda conducir una movilización de masas a tomar el poder del Estado, ya sea a través de elecciones preferiblemente pero si no puede ser, ¡pues nada! a través de un derrocamiento violento del régimen existente. Una vez tomado el control del Estado, se trata de ponerse manos a la obra, cambiar de arriba a abajo "el Estado en sí para que sea un arma adecuada de transformación comunista -usando convenientemente ese poder para reprimir convenientemente a la oposición de las clases dominantes y sus aliados-, desmantelar las estructuras fundamentales del capitalismo y construir las instituciones necesarias para un sistema económico alternativo"[162]. Quizás sea pertinente recordar que Marx y Engels en Manifiesto Comunista declaran "pueden sin duda los comunistas resumir toda su teoría en esta sola expresión: abolición de la propiedad privada"[163].

Es sabido como en el siglo XX varias versiones de esta idea impulsaron tanto la imaginación como la acción revolucionaria en todo el mundo. El marxismo revolucionario aportó la energía necesaria a la lucha de clases, de modo que más allá de condenar y denunciar las malas prácticas del sistema imperante, se plateaba un escenario en principio plausible de cómo podría realizarse una alternativa realmente emancipadora.

Más allá de frenar y sustituir en algunos casos a sistemas corruptos, dictatoriales, abusivos e impresentables -hecho sin duda meritorio-, parece evidente que a medio-largo plazo los resultados de esas revoluciones no dieron paso sin embargo a la consolidación de alternativas suficientemente igualitarias, emancipadoras y aún menos, democráticas, dignas de ser alternativas al capitalismo.

---

[162] Erik Olin Wright, *How to Be an Anticapitalist Today.* Ver en: https://www.jacobinmag.com/author/erik-olin-wrightHow

[163] Karl Marx y Friedrich Engels, *Manifiesto Comunista*, Madrid, Editorial Ayuso, 1975.

El turismo ciudadano y sus enemigos

Las revoluciones realizadas en nombre del socialismo y del comunismo si bien demostraron que era posible acabar con las viejas instituciones capitalistas no parece que consiguió demostrar que las nuevas instituciones creadas fueran mejores. Obviamente puede debatirse acerca de los impedimentos para que lo fueran, las presiones, los bloqueos, pero el hecho es que no lo fueron. Y una vez constatado que lo nuevo no era sinónimo automático de mejor quedó patente las diferencias entre destruir y construir, entre denunciar malas prácticas y construir buenas prácticas, entre denunciar la realidad y crear otra realidad mejor, la distinción en imaginar un mundo mejor y hacerlo práctico y real.

Quizás por ello parte del comunismo revolucionario nostálgico abandonó discreta y paulatinamente la reivindicación explícita del comunismo, y quizás por ello ahora algunos de ellos viven refugiados y como escondidos bajo el paraguas del anticapitalismo, un movimiento a menudo limitado exclusivamente a la denuncia de los efectos negativos del capitalismo, un movimiento protesta -por otro lado con denuncias compartidas a menudo por amplios sectores del espectro político, como son la corrupción, el dominio monopolístico o el proteccionismo corporativo- que pese al sentido de parte de sus quejas tiene serias dificultades para crear, y expandir alternativas operativas, escalables y masificadas. Quizás algunos nostálgicos del comunismo descubrieron que se vive mejor culpando al capitalismo de todos los males y que el anticapitalismo no exige necesariamente coherencia con el objetivo comunista. Quizás más de uno incluso descubrió que el anticapitalismo puede ser también un provechoso nicho de mercado, pudiendo incluso vivir de ello, viajando y vendiendo libros por todo el mundo. Amazon está repleto de ellos[164].

---

[164] Slavoj Žižek o David Harvey entre muchos más.

2.11 OTRO MUNDO NO ES POSIBLE

Nuestro mundo está lleno de *capitalistas* codiciosos y sin conciencia alguna, de gente sin escrúpulos, de personas que consideran que las guerras son inevitables e incluso necesarias; de personas que consideran la desigualdad social como algo natural; de personas que defienden la necesidad de disponer de armas nucleares; defensores de la pena de muerte o de la necesidad de bloquear las fronteras a los que no son de aquí –aunque sean del mismo planeta-; de personas que legitiman la violencia o que duermen perfectamente pese a cometer daños personales, sociales o ambientales irreparables; nuestro mundo está repleto de personas que se burlan del cambio climático, que les importa un bledo lo que pase más allá de su generación o incluso más allá de su estricto círculo personal o familiar; nuestro mundo está lleno de personas que siguen pensando que hay religiones buenas y religiones malas, de personas que consideran que el problema del mundo es el capitalismo -luego sin capitalismo debemos suponer que todo iría perfectamente…. Sí, el mundo, nuestro mundo, está lleno de todos estos tipos de gente. No son ni cuatro, ni cuatro mil, sino centenares o incluso miles de millones. Este es nuestro mundo, nos guste más o nos guste menos.

Y pese a la evidencia hay personas que ya desde bien antiguo insisten en que otro mundo es posible. Otro mundo es posible para el mundo católico más tradicionalista que vislumbra aún la idea de un paraíso, un mundo donde el mal no tiene cabida, donde el amor domina todas las facetas de la vida y la felicidad reina en todas partes. Ya en el año 300 DC el desierto de la Tebaida, en Egipto, estaba habitado por más siete mil personas practicando una vida de pobreza y abstinencia sexual huyendo de una humanidad apegada obsesivamente a lo material y a lo físico[165]. Pero no solo el mundo católico, casi dos mil años después de los eremitas de la Tebaida sigue siendo común la práctica de buscar refugio espiritual e intelectual en multitud de plataformas civiles ateas proclaman a viva voz que otro mundo es posible. Tanto unos como otros parten de la creencia que en el mundo hay "cierto error original específico que una vez subsanado erradicará en todo o en buena parte la inhospitalidad del medio físico"[166].

Para unos el error proviene del Pecado Original, para otros el error es el Capitalismo, para otros lo es el Liberalismo que ha logrado penetrar y diluir todas las instituciones tradicionales (Iglesia, Estado, familia...), para otros en cambio el error reside en el consumismo desenfrenado... En todas y cada una de estas personas hay la convicción que hay algo en los fundamentos de nuestra sociedad que no funciona y que por lo tanto debemos cambiar. ¿Cómo? Fácil: agrupando a las víctimas de ese mal funcionamiento, a los "Bienaventurados los pobres de espíritu, los humildes y afligidos" (Mateo 5:3-5) en los que sintonicen con la lógica católica y a los explotados y victimas de la sociedad actual entre los que comulguen mejor con una la lógica anticapitalista.

Así los líderes de unos y otros trata de agrupar a cuantos más descontentos mejor, ofreciendo un antídoto único, una solución, una esperanza que haga más llevadera la retahíla de injusticias, de maldades y crueldades actuales. La condición es formar parte de la comunidad de descontentos[167], seguir las pautas y los procesos pertinentes que establece la jerarquía de la comunidad de insatisfechos, reproducir el argumentario acerca de los amigos y enemigos de la causa y abandonar -eso sí- toda aspiración al libre pensamiento, al camino individual. Pese a ésta renuncia es comprensible la tentación de aferrarse a la aspiración colectiva de otro mundo y antes que volver al desierto como los antiguos eremitas situarse en una zona de confort: participar asiduamente en grupos de personas que piensan igual que tu; reforzarse con los argumentos que te dan la razón e ignorar los que la cuestionan;

---

[165] Mircea Eliade, *Historia de las creencias e ideas religiosas*, Madrid, Ediciones Cristiandad, 1983.

[166] Antonio Escohotado, *Los enemigos del comercio*, Vol. I, Barcelona, Espasa, 2014.

[167] Antonio Escohotado, *Los enemigos del comercio*, Vol. I, Barcelona, Espasa, 2014.

alimentar la creencia que otro mundo es posible aunque uno mismo no pueda evitar reconocer que es imposible llevarlo a cabo; compartir la desdicha espiritual con otros para atenuar sus efectos; y especialmente personificar la culpa de todo en una persona, en unas pocas o en algo concreto que pueda identificarse y combatir (por ejemplo, la complejidad nunca podría ser una buena causa porque ¿Cómo se combate la complejidad?). Es incuestionable la utilidad de todos estos recursos para sobrellevar la angustia de vivir en un mundo tan atroz, constatar que uno no está solo, recobrar esperanzas e incluso autoconvencerse que otro mundo es posible, soñar una nueva alcanzar sociedad y aspirar algún día a dejar atrás la historia de la humanidad como si fuese un simple mal recuerdo.

Otra cuestión bien distinta es la utilidad práctica que tienen dichas plataformas y movimientos para cambiar las cosas en este mundo, para participar en las organizaciones que rigen este mundo, para influir en las dinámicas sociales, económicas y políticas reales de este mundo. Quizás debamos recordar por ejemplo que la primera industria del mundo es la de la droga, que la segunda es la de la prostitución y que la tercera es la del armamento; que se calcula decenas de miles de personas mueren cada día de hambre o que en nuestro mundo cada día mil mujeres son violadas. Sin duda, el reto de reducir al mínimo estos datos es complejísimo y requiere de un trabajo ingente en organizaciones internacionales, en parlamentos, en empresas, en universidades, en casa, en la calle, en todos los sitios donde se puede hacer algo. Se trata de un trabajo anónimo, discreto y autónomo, que por suerte ya realizan miles de millones de personas en nuestro mundo: padres, madres, técnicos, políticos, empresarios, maestras, fontaneros o repartidores. Se trata de un esfuerzo colectivo no dirigido por nadie y construido a base de pequeños avances, de pequeñas conquistas.

Las recompensas son a veces tan raquíticas que se comprende la tentación de dejarlo todo y dedicarse a soñar otro mundo. Y también se entiende quien decide aprovecharse de ello y dedicarse a agrupar descontentos sumándolos al sueño de otro mundo. El problema es que mientras se dibuja el escenario de ese otro mundo posible, mientras se inflan las expectativas y se genera ilusión con todo lo que algún día se pudiera conseguir, el mundo de aquí, el nuestro, sigue su curso, con sus bondades y con sus maldades avanzando o retrocediendo, con sus bondades y sus maldades. Quizás por ello deberíamos invertir más nuestros esfuerzos en ver el mundo tal y como es y menos en como debería ser. Más que alimentar creencias consoladoras que tienden a paralizar o deslegitimizar todo aquél que prefiere soñar menos y practicar más, deberíamos valorar más la política de los hechos, la de los avances graduales que aunque sean pequeños forman parte de la Realidad y no del Sueño, la dedicación diaria de los convencidos que otro mundo no es posible porqué de mundo solo tenemos este, el ingente esfuerzo de millones de personas que mejoran nuestro mundo en silencio y sin grandilocuencias, y a menudo incluso padeciendo un cierto desprecio de los soñadores que siguen considerando sus logros insuficientes y miserables al lado del mundo nuevo al que ellos aspiran y que, aunque aún esté por venir, cuando lo haga será definitivamente perfecto.

2.12 "YO NO ESTOY EN CONTRA DEL TURISMO PERO…"

En cualquier sociedad democrática siempre existe un grupo de *irreductibles* xenófobos y racistas que pese a las condenas políticas y morales insisten en su discurso culpabilizador hacia un segmento de la población al que pretenden achacar el origen de todos los males sociales. Cuando el bienestar social y económico está mayoritariamente extendido es improbable que tales simplificaciones funcionen y se expandan. Sin embargo cuando aparece un período de crisis –o este alarga indefinidamente-, cuando aumenta el paro y se multiplica el malestar social, la probabilidad de que el discurso xenófobo se expanda, junto con la nostalgia de un pasado mejor y la culpabilización del presente desolador hacia un grupo social determinado es alta.

Con el turismo pasa algo parecido. Siempre ha existido una cierta *turismofobia*, gente que considera que primero son *los de casa, los de aquí, los del barrio* o *del pueblo de toda la vida*, gente que mira con aires de superioridad al turista vestido de corto vagabundea por las calles; gente que considera imbéciles a los que miran atónitos a la Sagrada Familia –aunque ellos luego visiten el Tah Mahal, o la 5a avenida o el desierto de Atacama-. Como con el racismo en una sociedad democrática siempre hay una minoría de militantes activos dedicados a promover la distinción entre "los que son de aquí y los que no lo son", nostálgicos de una ciudad pasada, idealizado donde todo era mucho mejor. En épocas de bonanza no suele ser un problema digno de consideración. Así, en Catalunya la presencia de millones de turistas en la Costa Brava no ha sido tema de conflicto diario, ni la masificación turística barcelonesa del pirineo catalán hasta la total aniquilación de la cultura pirenaica. Sin embargo con el estallido de la crisis y todos sus consecuencias sociales y económicas, el turismo ha pasado de ser una oportunidad a un problema de primer orden.

Hace casi veinte años, en una entrevista con el sociólogo francés Patrick Champagne[168] este explicaba, al respecto del auge del Frente Nacional en Francia, como en las múltiples entrevistas realizadas muchos eran los que usaban la expresión "yo no soy racista, pero...". Según Champagne, ello era una forma de queja de aquellos que estaban menos dispuestos a sucumbir ante las ideologías racistas pero que no podían negar lo que para ellos era una evidencia, es decir, que las poblaciones "problemáticas" eren, de hecho, poblaciones étnicamente determinadas: "siempre los magrebíes", "siempre los africanos" son los que nos hacen la vida imposible. Decía entonces Champagne que sí se quería frenar el Frente Nacional lo más astuto hubiera sido entrar de lleno en el análisis de ese "pero". Ese "pero" merecía ser escuchado porque expresa una realidad compleja que debía ser atendida para evitar la tentación de caer en el simplista y manipulador discurso racista.

En Barcelona también cada vez es más común oír la expresión "no estoy en contra del turismo, pero...". Cuando alguien utiliza dicha expresión señala que no se quiere sucumbir a la banalización de la *turismofobia*. Consciente o inconscientemente está expresando una voluntad de distinguirse de actitudes nativistas, de la *turismofobia* creciente, pero al mismo tiempo no quiere negar lo que para él es una evidencia: que la ciudad está en manos de los turistas, que la ciudad está en venta, que todo es para los de fuera y que los turistas y los extractivistas que se aprovechan de ello están expulsando a los barceloneses de la ciudad. Es comprensible por ejemplo que alguien que no encuentre alquiler a buen previo se enerve, también que alguien que sufra molestias por unas vecinos británicos ocasionales, es comprensible que alguien que sufra *mobbing* inmobiliario se indigne, o que alguien que conozca a otro que le ha pasado se rebele. Del mismo modo que en el caso descrito por Champagne respecto a racismo, este "pero" debe ser escuchado, comprendido y emprender medidas antes que sucumbe a la tentación *turistofóbica*.

---

[168] Roger Sunyer "Entrevista a Patrick Champagne", Àmbits de polítiques i sociologia, núm. 1, Barcelona, 1996.

Por ello un liderazgo público que quiera fomentar el turismo como oportunidad debería proteger y eliminar cualquier práctica de *mobbing* inmobiliario, exigir el cumplimiento de la normativa cívica a cualquier residente de la ciudad —sea de aquí o de más allá; facilitar el acceso a la vivienda mediante una amplia oferta pública; explorar todo tipo de colaboraciones y sinergias con operadores del sector o invertir ingentes esfuerzos en pedagogía explicando que los precios de los alquileres de Barcelona se disparan fundamentalmente porque Barcelona es una ciudad atractiva a nivel mundial; que hay un creciente desequilibrio entre oferta limitada y demanda creciente (de turistas, de catalanes que vienen a vivir a Barcelona, de residentes internacionales,...); que en los años 70 Barcelona no era atractiva y en cambio ahora sí; que hay gente que viene a pasar un día, dos, otros 22 y otros un año o dos o tres; que algunos vienen para estudiar, otros para trabajar, otros para vivir porque trabajan *en la nube*; que los que antes querían ir a Nueva York, a París o Berlín ahora también quieren venir a Barcelona; que no hay instrumentos para frenar las visitas; que Barcelona se ha sumado a esa lista de ciudades globales que atraen; que el aumento de la demanda tiene que ver con la situación de Turquía, Egipto y Túnez; que una ciudad como Barcelona debería tener el 20% de vivienda pública..... y no solo el 2%; que aún que se prohíban todos los pisos turísticos los precios del alquiler seguirán subiendo; que aunque se decrete un límite en el precio no todo el mundo podrá elegir donde quiere vivir al margen de su poder adquisitivo; que si la demanda sube, los precios suben; que los primeros gentrificadores fueron los propios barceloneses; que aunque se prohíba todo, el turismo se expandirá por el área metropolitana y seguirá viniendo al Museo Picasso, a la Barcelona o la Sagrada Familia; que quizás el turismo como es una oportunidad para una Barcelona Metropolitana; y así hasta un largo etcétera.

Sin duda, todas estas acciones ayudarían a hacer un buen diagnóstico de la ciudad y conseguir gestionar el turismo en beneficio de todos. Pero sobretodo evitaría caer en tentaciones *turismofóbicas*. Claro está que todo ello requiere inteligencia, cooperación, esfuerzo y los resultados no serán visibles sino a medio y largo plazo y, claro está, siempre habrá quien esté tentado de ahorrarse el abordaje de un fenómeno complejo y tomar un atajo limitándose en la culpabilización como estrategia, enfrentando por ejemplo a residentes permanentes con esporádicos; a vecinos de toda la vida con visitantes de un día; a culpa a una empresa americana de todos los males o limitarse a culpabilizar a un segmento concreto de la población de todos los males de un presente desolador, en definitiva contribuir a expandir puro racismo turístico o directamente xenofobia, rechazo al que viene de fuera, que no es de aquí.

3. REQUISITOS PARA UN TURISMO CIUDADANO

Vistas algunas de las reacciones más emblemáticas del discurso *anti-turismo*, y más allá igualmente de una visión edulcorada del turismo considerado como una actividad que solo genera beneficios e impactos positivos, en el siguiente capítulo esbozaremos los requisitos para un turismo ciudadano, un turismo integrado en la ciudad y en manos de cuanto más ciudadanos mejor, no solo en relación a la posibilidad de deliberar acerca del modelo turístico de la ciudad sino muy especialmente respecto a su apropiación por parte de sus ciudadanos en términos económicos.

En primer lugar por lo tanto se trata ineludible será preciso preguntarnos acerca de lo *libre* que es el mercado; una vez constatada la paradoja que el tan demonizado *neoliberalismo* no es más que una suerte de alianza entre poderes públicos y grandes intereses corporativos y descartada la opción de instaurar un nuevo sistema comunista basado en la propiedad pública de los medios de producción, nos queda adentrarnos en el impulso del ciudadanismo económico a partir del cual los ciudadanos tratan de apropiarse de los medios de producción generando riqueza de forma directa. Finalmente añadiremos algo respecto a la función y el rol de la administración pública en el proceso de desarrollo de un economía ciudadana para terminar argumentando de considerar las plataformas digitales tan denostadas por algunos como una oportunidad.

El turismo ciudadano y sus enemigos

Son incontables las disparidades que pueden existir entre ciudades como Venecia, Barcelona, Nueva York o Marrakech, pero pese a ello los requerimientos conceptuales fundamentales que deberían facilitar el impulso de un turismo ciudadano se plantean a modo de principios y por lo tanto aplicables a todas ellas. Sin duda con todos ellos las posibilidades de un turismo ciudadano, un turismo gestionado y decidido por una buena parte de los ciudadanos será sin duda más factible.

3.1 ¿ES POSIBLE UN MERCADO LIBRE?

Tal y como expresa David Harvey, el capitalismo no es más que un constante proceso de apertura de nuevos mercados, seguido por la creación de monopolios donde poder extraer las rentas del capital, que terminan posteriormente por liberalizarse de modo que deben buscar nuevos mercados donde volver a ubicar los excedentes de capital, creando nuevos monopolios en un proceso expansivo ininterrumpido[169]. Es así como se produce un proceso de acumulación de capital que genera un proceso de concentración de las marcas en grandes grupos y grandes corporaciones.

De acuerdo con esta lógica se entiende que las grandes empresas transnacionales blinden sus derechos para poder operar con la máxima libertad posible de acuerdo a sus propios intereses: contratos firmados por grandes empresas, tratados comerciales y acuerdos de inversión negociados entre estados o conjuntos de estados, reformas y préstamos condicionados impulsados por instituciones internacionales, medidas y disposiciones por organismos multilaterales, demandas presentadas por multinacionales ante tribunales de arbitraje, miles de normas y reglas sobre comercio e inversiones que sirven para proteger (sólo) los negocios de las grandes corporaciones en todo el planeta.

Es fundamental pues para los grandes oligopolios crear, construir y bloquear los monopolios impidiendo (por pequeños que sean) que micro, pequeños o medianos empresarios locales puedan entorpecer el crecimiento de los grandes grupos y al mismo tiempo superar tanto las barreras de los poderes públicos como los límites

---

[169] David Harvey, *Ciudades rebeldes.* Madrid, Akal, 2013 y David Harvey, *Diecisiete contradicciones y el fin del capitalismo.* Quito, IAEN, 2014.

geográficos y sectoriales para que se puedan crear nuevos mercados donde definir a la vez nuevos monopolios.

Es así de la misma forma como se ha ido creando la clase corporativa, una clase producto del desarrollo del capitalismo en los últimos cincuenta años, producto de la gran acumulación de capital en grandes grupos corporativos. Una clase corporativa con un altísimo nivel de conciencia de sí misma, que se traduce en una gran autonomía ideológica, la solidez de la que le ha permitido ejercer una influencia determinante en las políticas públicas de los últimos decenios a través por ejemplo de espacios como el Grupo Bildelberg o la Comisión Trilateral[170].

No sería criticable que empresarios y políticos se reuniesen si no fuera porqué desde una perspectiva de economía ciudadana tanto el Grupo Bildelberg como la Trilateral aparecen como organizaciones aristocráticas y oligárquicas parecidas a las existentes en sociedades pre-industriales y pre-democráticas cuando el turismo era cosa de unos pocos privilegiados. Nadie en definitiva los ha elegido para desarrollar su función: mantener su enorme poder y, en su caso, aumentarlo.

Más que imponer su voluntad mediante conspiraciones, su actividad fundamental es construir la hegemonía de la clase dominante creando fundamentalmente consensos alrededor de sus líneas maestras (principalmente entre los agentes económicos) y luego creando las condiciones para que las ideas-fuerza se vayan imponiendo en la sociedad, incluyendo por ejemplo las propias resistencias al capitalismo. Por este motivo tampoco no es extraño que no sean pocos los jefes de gobierno occidentales o los presidentes de bancos centrales que hayan formado parte de su Comité Directivo o hayan sido invitados a una reunión del Grupo Bildelberg. Esta asiduidad sumada a la presencia de personalidades de la élite económica y política, como Kissinger o Rockefeller, junto con el secreto que rodea a sus reuniones han facilitado el terreno de la literatura *complotista*[171]. A menudo las fantasías

---

[170] Domenico Moro, *Bilderberg. La elite del poder mundial*, Barcelona, Viejo Topo, 2015.

[171] Según ésta el Bildelberg sería el gobierno mundial *en la sombra*, la última secuencia de una reducida oligarquía que domina el mundo ininterrumpidamente desde la República

terminan trivializando un fenómeno muy real y que en realidad es bien común a lo largo de la historia, el poder y su gestión, porque a lo largo de toda la historia se han dado formas organizativas específicas no democráticas para mantener las condiciones de privilegio de un grupo determinado.

El secretismo y la nula dimensión democrática respecto a los ciudadanos de determinadas organizaciones como el Bildelberg o la Trilateral se han sumado a la larga lista de agravios que movimientos sociales y políticos en todo el mundo asocian al modelo económico actual capitalista neoliberal.

Lo paradójico, tal y como hemos visto acerca del turismo, es que dichos movimientos se centren en combatir la *mercantilización* considerando el mercado, sin lugar a dudas, como el responsable de la miseria del mundo cuando en realidad hay dudas razonables sobre la existencia de una auténtica economía de mercado, un auténtico mercado libre. Ha-Joon Chang por ejemplo examina la presión ejercida sobre los países en desarrollo para que éstos adopten el libre comercio cuando los países occidentales crecieron gracias precisamente al proteccionismo que ahora demonizan. La conclusión a la que llega es previsible: al impedir que otros adopten las políticas e instituciones que ellos mismos habían utilizado, estos países están intentando "retirar la escalera" mediante la cual han trepado hasta alcanzar la cima del desarrollo económico[172].

Desde una perspectiva histórica Domenico Losurdo detalla por ejemplo como en pleno siglo XVII los burgueses ilustrados y tolerantes, liberales, se lanzaron de lleno a la expansión colonial en la que el comercio esclavista adquirió un papel fundamental. En un trabajo tan exhaustivo como preciso[173] nos recuerda que si bien los holandeses dirigieron el primer comercio serio de esclavos para garantizar la mano de obra necesaria en las plantaciones de caña de

---

Veneciana…

[172] Ha-Joon Chang, *Retirar la escalera: la estrategia del desarrollo en perspectiva histórica*, Madrid, Los libros de la Catarata, 2004.

[173] Domenico Losurdo, *Contrahistoria del liberalismo*, Barcelona, Viejo Topo, 2015

azúcar, ya en 1675 dejaron definitivamente paso al dominio inglés ejercido a través de la *Royal African Company*. El apunte es especialmente ilustrativo cuando constatamos que John Locke, uno de los padres fundadores del liberalismo, si bien por un lado denunciaba la esclavitud política que suponía vivir en una monarquía absolutista, por el otro tenía sólidas inversiones en el comercio de esclavos como buen accionista de la citada *Royal African Company*[174].

El mercado no se ha desarrollado al margen de grandes contradicciones, conflictos y tensiones que poco tienen que ver con la libre competencia. Lejos de ser el lugar donde todos los individuos se encuentran libremente como vendedores o compradores de mercancías, tal y como podemos constatar en toda la argumentación de Losurdo, durante siglos el mercado ha funcionado como un espacio de

---

[174] El listado de contradicciones perfectamente documentadas es exhaustivo y abarca la evolución del liberalismo durante los siglos siguientes por ejemplo cuando señala, ya en pleno siglo XIX como otro referente del liberalismo, John Stuart Mill que aunque era contrario de entrada a la esclavitud argumenta como ésta puede ser lícita para quien "asume la tarea de educar a las tribus salvajes", es decir como medio necesario para conducirlas al mundo del trabajo y "hacerlas útiles para la civilización y el progreso ". De acuerdo a una especie de dictadura pedagógica transitoria, Stuart Mill justifica así el despotismo occidental en las colonias respecto a las "razas" aún en "minoría de edad" que deben ser obligadas a mantener una obediencia absoluta para que puedan ser conducidas hacia la vía del progreso. Las referencias legitimadoras a situaciones de dominación y barbarie son pues habituales a lo largo de la historia por parte de los principales exponentes del liberalismo: Thomas Paine en plena guerra contra la metrópoli considera Inglaterra "la potencia bárbara e infernal que ha incitado a los indios y los negros a destruirnos" o de manera análoga, la propia Declaración de Independencia norte-americana reprocha a Jorge III, Rey de Inglaterra, el hecho de haber fomentado revueltas dentro de sus fronteras de los esclavos negros y de haber tratado de instigar a los habitantes de sus fronteras "los indios despiadados y salvajes, la forma de guerrear de los cuáles, como es sabido, es la masacre indiscriminada sin distinción de edad, sexo o condición". Otro mito del liberalismo como Benjamin Franklin menciona en su Autobiografía que "si forma parte de los designios de la Providencia destruir estos salvajes con el fin de dar espacios a los cultivadores de la tierra, me parece probable que el ron sea el instrumento más apropiado". Ver en: Domenico Losurdo, *Contrahistoria del liberalismo*, Barcelona, Viejo Topo, 2015

exclusión, de deshumanización y hasta de terror[175]. Durante siglos hombres y mujeres negros han servido de pura mercancía, pero también siervos blancos eran adquiridos por contrato "en el mercado". En nombre del mercado han sido reprimidas coaliciones obreras y negados derechos sociales básicos de manera brutal siempre, eso sí, con la legitimación del respeto a las reglas del mercado libre.

No es el propósito de Losurdo demonizar al liberalismo al que reconoce también muchos méritos sino relativizar cierto discurso edulcorado que solo ve bondades en una parte y maldades en otra. De acuerdo con esta perspectiva ni parece razonable afirmar que el liberalismo ha sido capaz de imponer una mercado verdaderamente libre ni tampoco considerar que todos los avances sociales, políticos y económicos (inclusión de negros, trabajadores, trabajadoras o derechos sociales básicos, etc) hayan sido consecuencia de la *lucha obrera*.

La lista de contradicciones entre hechos y discursos es larguísima pero más allá de exponer los agravios lo que nos interesa respecto a la idea y posibilidad de un turismo ciudadano es cuestionarnos hasta que punto el mercado es realmente libre. Si por un lado el pensamiento *neoliberal* ha llegado hasta nuestros días insistiendo en la necesidad de la competencia entre individuos en el ámbito del mercado, con el objetivo de lograr el desarrollo de la riqueza social y de las fuerzas productivas, dando por hecho que vivimos en un mercado libre no son pocas las voces que denuncia como ninguna de las grandes empresas hubiera alcanzado sus actuales dimensiones sin la protección estatal, de modo que son esos grandes consorcios los menos interesados en la existencia de un mercado verdaderamente libre.

En un proceso feudalización del capitalismo[176]para unos o directamente de "economía legal del pillaje"[177] para otros, el tablero

---

[175] Sin ir más lejos el número de muertos producidos por el sistema esclavista que tanto hizo para configurar el orden económico actual, supera las bajas de las dos grandes guerras mundiales.

[176] Daniel Innenarity, *La revolución liberal de la socialdemocracia*, 2010. Disponible en https://www.danielinnerarity.es

[177] Walter Oswalt "La revolución liberal: acabar con el poder de los consorcios", Thémata,

económico actual muestra detrás de los intereses generales de la sociedad intereses opacos de grupos particulares, competencias desleales, concentración de poder de grupos financieros y de opinión. "Los despojados de esa enorme masa de capital son los ciudadanos" de modo que al actual orden económico mundial no se le puede considerar fruto del mercado libre. Por eso más que liberalismo parece más preciso utilizar el término *neoliberalismo*, un marco que lejos de ser natural o irrefutable es obviamente una construcción social contingente y modificable.

Desde esta perspectiva parece obvio por lo tanto que no vivimos en un mercado plenamente libre. Y es ahí cuando se da la gran paradoja en el uso del lenguaje cuando a ciertos *neoliberales* se les atribuye la defensa del mercado libre, de la libertad de mercado, cuando en realidad lo que subyace en dicha ideología se aproxima más a la idea de un mercado libre solo para algunos, un mercado dirigido y controlado por el poder político en beneficio de los intereses de una parte y no al todo. Por ello cuando decimos *neoliberal* deberíamos decir más bien oligopolista o monopolista puesto que el neoliberalismo supone un modelo económico-político caracterizado por defender el privilegio de unos pocos, el hecho por ejemplo que determinados operadores puedan disponer de ventajas competitivas respecto al resto, que ciertos operadores intervengan en el mercado y otros no. Ventajas que, por otro lado, para nada tienen que ver con la actividad productiva sino más bien están estrechamente vinculadas con el marco regulatorio y por lo tanto, con la actividad puramente política.

La construcción del marco conceptual *neoliberal* –y su antónimo anticapitalista- no es fruto tanto de una *lógica del capital* sino de una *lógica estatal* de monopolización del poder y su resistencias *anti* no facilitan, como en el caso del turismo, el desarrollo de fórmulas distintas, basadas en una economía ciudadana[178]. Y es que lo paradójico del discurso *anti-turismo*, en su versión anticapitalista, es que suele considerar que la dominación económica se debe a una excesiva

---

Sevilla, 1999.

[178] Roger Sunyer, *Hacia una economía ciudadana*, Barcelona, UOC, 2015.

libertad de mercado, cuando justamente ocurre más bien lo contrario: la prepotencia económica de unos operadores es causada por la falta de libertad económica, la falta de consideración del ciudadano productor por ejemplo como una operador económico. Es interesante igualmente constatar que los problemas de dominación en el mercado no están tan alejados de los que motivaron a Adam Smith escribir la *Riqueza de las Naciones*. Para ello bastará recordar como el propio Smith termina el Libro I:

"El interés de los comerciantes, sin embargo, en cualquier rama particular de comercio o manufacturas, es siempre en algunos aspectos diferente e incluso opuesto al del público. Ampliar el mercado y estrechar la competencia, siempre es el interés de los comerciantes. Ampliar el mercado puede con frecuencia ser lo suficientemente agradable para el interés del público; Pero restringir la competencia siempre debe estar en contra de él, y sólo puede servir para que los comerciantes, al elevar sus ganancias por encima de lo que naturalmente sería, recaudarían para su propio beneficio un impuesto absurdo sobre el resto de sus conciudadanos. La propuesta de cualquier nueva ley o regulación del comercio que venga de esta clase social (*los comerciantes, empresarios, se entiende: nota del autor*) debe escucharse siempre con gran precaución y nunca debe adoptarse antes de haber sido larga y minuciosamente examinada, no solo con la más escrupulosa atención, sino también con la mayor suspicacia. Pues procede de una clase de hombres, cuyo interés nunca coincide, exactamente con el interés público, de una clase generalmente interesada en engañar y aun en oprimir al público y que, por lo mismo, en muchas ocasiones, lo ha engañado y lo ha oprimido"[179]

---

[179] "The interest of the dealers, however, in any particular branch of trade or manufactures, is always in some respects different from, and even opposite to, that of the public. To widen the market and to narrow the competition, is always the interest of the dealers. To widen the market may frequently be agreeable enough to the interest of the public; but to narrow the competition must always be against it, and can serve only to enable the dealers, by raising their profits above what they naturally would be, to levy, for their own benefit, an absurd tax upon the rest of their fellow-citizens. The proposal of any new law or regulation of commerce wich

Quizás la globalización puede utilizarse para despojar de su poder a las concentraciones económicas existentes y abrir efectivamente los mercados mundiales, quizás un mercado verdaderamente libre pasaría probablemente por la decidida apertura decidida de los mercados mundiales que lejos de producir un aumento de poder de las grandes corporaciones podría significar el fin de los consorcios mediáticos, financieros e industriales[180], pero volviendo al principio del capítulo, la cuestión por lo tanto fundamental que plantea la existencia de grupos como el Bildelberg es de democracia, porqué el orden constitucional y democrático sólo es viable si reconoce y combate activamente la existencia de concentraciones de poder incompatibles con la libertad"[181]. El hecho estas organizaciones estén configuradas por una minoría ínfima, procedente generalmente de unos pocos estados ricos y poderosos, que discutan a puerta cerrada impidiendo que se divulgue el contenido de estas discusiones y, especialmente, que logren influir en las decisiones de muchos países, incluidos los europeos, afectando a cientos de millones de personas, evidencia tanto la necesidad de construir poderes públicos democráticos como la conveniencia de democratizar la economía e impulsar una economía ciudadana.

La cuestión antes como ahora es, pues, aparentemente sencilla: decidir si queremos que un reducido grupo decida el destino de millones de ciudadanos o bien queremos que millones de ciudadanos decidan sobre su destino más inmediato; si queremos participar en el

---

comes from this order ought always to be listened to with great precaution, and ought never to be adopted till after having been long and carefully examined, not only with the most scrupulous, but with the most suspicious attention. It comes from an order of men whose interest is never exactly the same with that of the public, who have generally an interest to dceceive and even to oppress the public, and who accordingly have upon many occasions, both deceived and oppressed it" Adam Smith, *The wealth of nations*, London, Penguin classics, 1999.

[180] Daniel Innenarity, *La revolución liberal de la socialdemocracia*, 2010. Disponible en https://www.danielinnerarity.es

[181] Daniel Innenarity, *La revolución liberal de la socialdemocracia*, 2010. Disponible en https://www.danielinnerarity.es

mercado o dejamos el mercado en manos de unos pocos respecto a los cuales asumimos que no hay nada que hacer.

3.2   CIUDADANISMO ECONÓMICO

¿Liderazgos populistas o ciudadanos empoderados?

Las ciudades se originaron en las encrucijadas de los caminos en donde se producían intercambios de productos, la actividad propia de un sistema económico de supervivencia. El sedentarismo que implicó las primeras aglomeraciones humanas miles de años atrás exigió transformar la naturaleza para que produjera bienes en una   área asumible para sus habitantes y, a medida que el ser humano estableció y produjo excedentes propios de un sistema económico de mercado, creó leyes de convivencia, estableció sistemas de gobierno y de seguridad, construyó infraestructuras para el saneamiento y vías de comunicación, buscó sistemas de desplazamiento más rápidos e inventó soluciones para resolver los problemas que conllevaba la constante acumulación de personas y la convivencia entre ellas. Y así desde las primeras aglomeraciones humanas el proceso urbano implicó la generación continua de actividades para abastecer de productos y servicios a sus habitantes que con el tiempo, lentamente, fueron conquistando su *estatus* de ciudadanía hasta llegar a la contemporánea formulación de los derechos sociales, económicos, políticos y humanos.

Pero justamente cuando el camino parecía definitivamente conquistado[182] la aparición de la economía globalizada, con su implacable lógica de concentración de capital facilitada a menudo por estados débiles parece que amenaza de nuevo la ciudadanía conquistada. Tendencias y fuerzas globales amenazan nuestra realidad

---

[182] Jordi Borja *La ciudad conquistada*, Madrid, Alianza Editorial, 2005.

local a una velocidad de vértigo sin que tengamos en la mayoría de casos ni si quiera la ocasión de opinar. Son muchos los ciudadanos y ciudadanas en todo el mundo que asisten con perplejidad a la configuración de la ciudad actual. Para muchos, significa un proceso de *anticiudad,* un proceso consecuencia de un capitalismo desatado, de una urbanización especulativa, de una sociedad atomizada, de una cultura individualista a la que una política local débil, pasiva cuando no cómplice no puede o no quiere hacerle frente. La percepción de una administración pública *colaboracionista* respecto a los intereses de grandes oligopolios, su ineficiencia o su negativa percepción ciudadana explican en gran parte la emergencia de fenómenos populistas con mayor facilidad para generar expectativas de terminar con todo ello de un plumazo. Obviamente los planteamientos populistas son claramente opuestas a un modelo menos aspiracional de conseguir graduales cuotas de poder ciudadano en el mercado, merced a la propia iniciativa individual, al aprovechamiento de cuantas oportunidades se presenten y a las facilidades de una administración pública que se le supone orientada a la satisfacción de las necesidades de sus ciudadanos.

El término populismo proviene del latín *populus* que significa "pueblo", aunque como es sabido en la actualidad se emplea más bien como adjetivo político para designar despectivamente propuestas políticas a menudo de signos bien contrarios. Y es que el populismo no es patrimonio de nadie. O mejor dicho, todas las opciones políticas pueden contener un cierto grado de populismo. Algunas más y otras menos, algunas pueden ser muy populistas y otros lo pueden ser muy poco. Cada uno de nosotros debería ser capaz de saberlo discernir y actuar en consecuencia. Sea como sea su sentido despectivo proviene de asociar populismo a prometer cosas que luego no se harán, ya sea porque no se querrán hacer una vez alcanzado el poder político o sea porque simplemente no se podrá hacer todo lo que se había prometido. Tachar a alguien de populista implica igualmente acusarle de hacer demagogia, es decir de manipular los sentimientos de las personas en situaciones de gran fragilidad para conseguir su apoyo. El populismo se convierte por todo ello una especie de chantaje emocional que utiliza la situación de escasez económica, de precariedad, de injusticia social, para apropiarse de la voluntad de cambio radical de los ciudadanos: conseguir sus votos a cambio de la expectativa de cambiarlo todo.

Igualmente los liderazgos populistas en sus diversas expresiones suelen tener otro patrón muy claro: el culto a la personalidad, a una persona en concreto que casi dotada de súper-poderes será la que lo cambiará todo. Lo más chocante es que la individualización del liderazgo en una sola persona va acompañada habitualmente de llamadas constantes a la democracia y a la participación del Pueblo, de la gente, de los ciudadanos. Se suele recurrir a la emoción, al uso de un lenguaje vacío e inconcreto para mantener en lo posible la imagen de cambio, de transparencia, de pureza ideológica y asociar todos los atributos del cambio en el gran líder. En este proceso de sacralización de la figura del líder este acaba siendo la propia fuente de legitimación de todo: el que define directa o indirectamente lo que es bueno, el que establece qué es participativo y qué no lo es, el que distingue lo que es progresista de lo que no lo es, lo que es neoliberal de lo que no, lo que es democrático y lo que no, lo que es patriota y lo que no lo es y así en un largo etcétera. En un liderazgo populista los ciudadanos externalizan su compromiso cívico en el superhéroe que lo resolverá todo. Y es por eso que el populismo necesita gente con una autoestima baja o muy baja, una ejército de depauperados a ser posible que hagan del líder un auténtico salvador. Para los líderes populistas cuanto peor esté la gente mejor. Y por eso que actúan mejor y con más comodidad entre el *precariado*, entre todas aquellas personas que por ejemplo sufren directa y personalmente los efectos de una grave crisis económica.

Vengan de donde vengan los liderazgos populistas suelen adoptar un discurso aversivo contra las élites (económicas, políticas o intelectuales en función de los casos), el rechazo a los partidos existentes (culpables de todos los males y de ningún beneficio), la denuncia de la corrupción sistémica de las instituciones y su constante apelación al pueblo como fuente legítima del poder. Las formas políticas populistas suelen rehuir las etiquetas izquierda-derecha y prefieren dividir el campo político entre dos campos antagónicos formados por una mayoría excluida, los de abajo, el pueblo, los ciudadanos y una minoría privilegiada, los de arriba, la élite, la oligarquía, los corruptos, los de siempre o los de antes. Es así como el panorama político queda simplificado de un salto entre "nosotros el pueblo" ante un "ellos-oligarquía".

Es incuestionable que el mecanismo del populismo es eficaz para acceder al poder político tal y como demuestra la historia de la democracia. Sin embargo todo lo que tiene de eficaz para acceder al poder lo tiene de ineficaz para gobernar. El problema para el populismo comienza pues al día siguiente de acceder al poder. Una vez instalado en el gobierno el populismo suele sufrir una situación de bloqueo de muchas de las acciones previamente promesas porque choca con una realidad que -desgraciadamente- no se puede cambiar de la noche a la mañana. Es entonces cuando comienza la gestión de los hechos que siempre son menos ampulosos, más escasos y mucho menos movilizadores que las grandes proclamaciones. Prometer, crear expectativas, ilusionar, dibujar escenarios nuevos, magníficos, justos y solidarios, es relativamente fácil. Lo ciertamente difícil es convertirlos en reales. Los esquemas de los de arriba versus los de abajo, las élites versus los pobres ya no son útiles sencillamente porque la realidad se muestra mucho más compleja, mucho más gradual y los intereses de sectores sociales, económicos y políticos no son siempre coincidentes. La complejidad de los hechos no permite crear grandes expectativas, necesita pacto, negociación, ceder y aún así tratar de avanzar. No requiere grandes discursos ni despertar emociones, es menos generosa que la imaginación aunque es más tangible. La colisión pues entre las expectativas creadas a los ciudadanos y las dificultades para emprender cambios reales con resultados tangibles está servida y por eso se suele pedir entonces el debate, la calma y la paciencia que previamente no se había querido conceder a los que gobernaban con anterioridad.

Ciertamente sería fantástico poder elegir un líder y esperar simplemente que nuestra realidad cambiara -a mejor- de manera radical. Desgraciadamente, no es así. Nunca lo es. Por eso la realidad política, social y económica es demasiado compleja y demasiado importante para dejarla en manos de liderazgos populistas. Y es que la mejora constante de la sociedad no puede depender ni de la aplicación de un modelo cerrado, aparentemente perfecto, ni de la voluntad de un liderazgo populista. Nada es perfecto.

Tampoco se puede pretender cerrar soluciones eternas básicamente porque la sociedad es un cuerpo vivo en evolución constante, como nosotros mismos. Cuanto más democrática sea una sociedad más liberada estará de tener que recurrir a liderazgos populistas y por ello una sociedad madura y democrática necesita que se facilite la interacción constante entre los ciudadanos, la continua conciliación de las complejidades. La gran paradoja del populismo es que su peor enemigo no son ni las élites ni las grandes corporaciones ni incluso la corrupción sistémica sino los ciudadanos empoderados: aquellos que de verdad aseguran el cambio continuo en el poder institucionalizado, la democratización de la creación de riqueza o el permanente control en las tentaciones unidireccionales típica de los liderazgos populistas.[183]

---

[183] Pese a haber pasado a la historia bajo el rótulo del socialismo utópico, Proudhon no exigía a los trabajadores soñar en un ideal utópico de sociedad –en el que no creía– ni confiar ciegamente en una casta dirigente que prometiera ejercer el poder del Estado en beneficio de sus seguidores. Tampoco quería suprimir el Estado ni constituir –como los seguidores de Fourier– una comunidad de visionarios en alguna isla. Su objetivo era combatir "la pereza de las masas", que está en el origen de todo autoritarismo. En vez de obsesionarse con el poder – el "prejuicio gubernamental"–, enseñaba a hacer frente a la tendencia invasora de la autoridad, confiando en la propia capacidad. Si esta concepción libertaria hubiera tenido más éxito y no hubiera sido desacreditada por Marx como "pequeño-burguesa", la historia de los derechos sociales y del movimiento obrero habría sido bien distinta. Pero aquella disputa que enfrentó dos libros –La filosofía de la miseria y La miseria de la filosofía– se saldó con una derrota de lo liberal frente a lo estatal y el movimiento obrero propició la creación de una maquinaria de redistribución tendencialmente autoritaria. Su consecuencia más inmediata fue conseguir para los trabajadores bienestar material, integración en la sociedad, reconocimiento y derechos ciudadanos, pero impidió la realización de proyectos de auto-organización. Este sistema choca hoy con sus límites y en esta situación la concepción liberal o libertaria de la socialdemocracia – que durante más de un siglo ha sido más bien marginal– adquiere una nueva actualidad.

Del ciudadanismo política al ciudadanismo económico

Aunque no simpatice con ello uno puede entender y comprender la lógica populista y su alto grado de aceptación en determinados momentos. No en vano vemos cada día una infinidad de cambios y procesos a menudo tan gigantescos como complejos, incomprensibles que aumentan la necesidad de explicaciones fáciles y sencillas. Si pese a nuestra voluntad de autonomía queremos comprender los fenómenos sociales, económicos y políticos de nuestro tiempo fácilmente podemos llegar a la conclusión que la ciudad es una ecuación imposible[184], especialmente cuando se trata de compatibilizar competitividad económica con cohesión social y sostenibilidad ambiental, gobiernos democráticos y participación ciudadana con la dinámica del capital.

Por ello, además de la emergencia de populismos fuertemente organizados en el mundo globalizado son muchas ya las resistencias locales dispersas que se manifiestan por doquier denunciando la pérdida de la ciudad en manos de intereses puramente especulativos, que reclaman un mundo más justo y igualitario o como hemos visto que *otro mundo es posible*.

Sería deseable por el bien del desarrollo y profundización del sistema democrático que dicha resistencia no se hiciese de espaldas a la política sino frente a ella. Democracia no solo como un fin en si mismo sino como un instrumento para crear, proponer e implementar acciones concretas[185]. Las resistencias locales y el activismo social, siempre necesario para denunciar prácticas ilegales o inmorales, precisan por lo tanto de un buen sistema de diseño de políticas públicas para que unas protestas o reivindicaciones cambien la vida de miles de

---

[184] J.Borja, M.Belil, M.Corti, M., *Ciudades, una ecuación imposible*. Barcelona, Icaria, 2012.

[185] De acuerdo con Adam Smith las instituciones políticas deben actuar para garantizar la libertad republicana, para permitir la extensión de relaciones sociales libres de cualquier forma de dominación. Ver en David Casassas, *La ciudad en llamas. La vigencia del republicanismo comercial de Adam Smith*, Barcelona, Montesinos.

personas de nuestras ciudades. Pero si al activismo debe añadirse la implicación política y la política pública, no puede aspirarse a una democracia económica, a una economía ciudadana sin una implicación en el mercado, sin una voluntad de impulso del ciudadanismo económico.

Hay quien considera el ciudadanismo como un movimiento apolítico, de corte ético que alardea de superar a las ideologías convencionales, centrado en la exigencia de una mayor transparencia, en la aplicación del sentido común y que deja atrás la tradicional división entre izquierdas y derechas. Entendido así es comprensible que pueda considerarse el ciudadanismo con un simple mecanismo populista utilizado para ganar cuota de mercado –político- desde una aparente transversalidad que oculta la propia ideología. Sin embargo el ciudadanismo es una idea mucho más profunda que la simple encarnación en un partido político que pretende erigirse en representante del pueblo o de los ciudadanos exigiendo mayor transparencia, luchar contra la corrupción o la defensa de la ejemplaridad pública. También es un error frecuente pensar en el ciudadanismo como algo propio de izquierdas cuando lo cierto es que puede haber ciudadanismo de izquierdas y de derechas. En realidad puede considerarse ciudadanista cualquier organización que trate de impulsar a los ciudadanos en el debate político: así lo es Attac[186], lo es Greenpeace[187], lo es Médicos Sin Fronteras[188] o lo es cualquier grupo, movimiento o plataforma ciudadana, de modo que el ciudadanismo no es ni debe ser patrimonio de nada ni de nadie en particular porqué de lo que se trata, en resumen, es de acercar al ciudadano al centro del debate político, diga lo que diga, piense lo que piense.

En este sentido el ciudadanismo político puede entenderse como un conjunto de ideas y acciones que defienden la necesidad de un empoderamiento ciudadano, de una participación activa y real de los ciudadanos en y ante unas instituciones políticas democráticas

---

[186] http://www.attac.org

[187] http://www.greenpeace.org

[188] http://www.msf.org

percibidas demasiado a menudo como un coto restringido a una minoría dirigente, como ineficientes, poco transparentes o incluso indolentes ante los intereses de grandes corporaciones. El ciudadanismo político surge para complementar la clásica contraposición de poderes (ejecutivo, legislativa y judicial) añadiendo un nuevo contrapoder: el ciudadano empoderado. El ciudadanismo trata así de complementar a la democracia institucionalizada ante el creciente poder del capitalismo financiero global que actúa sin sentido ciudadano. El ciudadanismo surge con fuerza entonces como una reacción lógica ante las crecientes desigualdades sociales y económicas o frente a las amenazas de catástrofe climática, de escasez alimentaria en grandes partes del planeta o el drama de la inmigración forzada.

El ciudadanismo así entendido queda limitado sin embargo cuando vincula de modo exclusivo la participación ciudadana al ámbito de lo político, justamente cuando la mayor parte de reivindicaciones ciudadanas tiene relación directa con el ámbito de lo económico. Por ello y para poder cumplir sus propios propósitos el ciudadanismo político debe prolongarse hacia el ciudadanismo económico, orientado a promover la participación de los ciudadanos en la vida económica, desde su autonomía y desde la propiedad de los medios de producción. El ciudadanismo económico representa la fusión de varios objetivos:

Derechos Humanos

El ciudadanismo económico defiende los Derechos Humanos y los Derechos Sociales en todo el planeta. Por ello el ciudadanismo económico considera imprescindible complementar la vigilancia institucional con el activismo social de denuncia y resistencia ante flagrantes vulneraciones de los Derechos Humanos y/o daños socioambientales.

Democracia

El ciudadanismo económico se asocia ineludiblemente con la democracia y su defensa, asumiendo que es un sistema político irrenunciable, tratando eso sí de desarrollarla tanto como sea posible, tratando siempre que las decisiones no se alejen cada día más del centro del poder ciudadano.

Economía de mercado

La aceptación de la economía de mercado orientándola promoviendo alternativas, empresas responsables, con conciencia general, banca ética, cooperativas, de empresa social y promoviendo las micro, pequeñas y medianas empresas –cooperativas o mercantiles- con directos vínculos territoriales frente a grandes oligopolios vinculados a la maximización de beneficios sin vinculación ciudadana alguna.

Socialización de los medios de producción

El ciudadanismo económico impulsa una economía ciudadana: la socialización de los medios de producción en el sentido de enfatizar la redistribución de la capacidad para crear riqueza a través de una red - cuanto mayor sea posible- de micro, pequeñas y medianas empresas (indistintamente de su condición jurídica) más que limitarse a la *simple* redistribución económica donde grandes empresas deban contribuir fiscalmente a financiar la lucha contra la desigualdad.

Se trata por lo tanto de horizontalizar la pirámide de la actividad económica donde un relativamente corto número de grandes grupos controla la mayor parte del mercado. El ciudadanismo económico no se limita por lo tanto ni al activismo social, ni a la redistribución fiscal –aunque los incluya-. El ciudadanismo económico pretende empoderar a los ciudadanos económicamente a través de su propia actividad económica. No se trata de aspirar a una mayor intervención pública en la regulación y el control del mercado, tampoco se trata –sólo- de conseguir una economía más benigna, que reparta mejor la riqueza, que combata la pobreza, sino que de lo que se trata es de hacerse con el *control económico* de la economía, de tender hacia una economía ciudadana[189], hacia una gran alianza de micro, pequeños y medianos empresarios que con el apoyo de la administración pública puedan

---

[189] Roger Sunyer, *Hacia una economía ciudadana*, Barcelona, UOC, 2015.

ocupar un mayor porcentaje de la actividad económica local y global, en todos y cada uno de los sectores económicos.

Aunque puede parecer un plan excesivamente ambicioso, ciertamente no falta quién lo considera más bien poca cosa, una mera y vana reacción de la clase media y de la *aristocracia del proletariado* para recuperar su poder, las comodidades perdidas o incluso como un ingenuo intento de maquillar o humanizar una capitalismo desbocado que no tiene solución porque en él solo cabe el aumento exponencial de la desigualdad. Puede ser que sea así o que sea así solo en parte, entre otras cosas porque al fin y al cabo la desigualdad y el poder jerarquizado en pocas manos no parece que haya sido un fenómeno exclusivo del capitalismo sino que su existencia se pierde en los albores de los tiempos.

En cualquier caso mientras hay quien prefiere apostar por cambiar el sistema *de golpe* y por completo –aunque sea sin detallar demasiado aspectos fundamentales sobre como se puede hacer *de golpe* sin saltarse los principios democráticos más elementales- ciertamente el ciudadanismo económico aparece como algo aparentemente más modesto. Al fin y al cabo el ciudadanismo económico apuesta por cambios concretos, reales, tangibles y implementables en el corto plazo conscientes, eso sí, que las respuestas no pueden ser sólo políticas e institucionales sino dirigidas a la participación económica de los ciudadanos.

Porque el ciudadanismo económico, más que votantes lo que busca son microempresarios, pequeñas y medianas empresas que aumenten su participación en el mercado, desde la base ante el poder de los grandes oligopolios. Es así como el ciudadanismo económico contribuye a una economía ciudadana, una economía con sentido colectivo, común, creada, gestionada por sus ciudadanos y ciudadanas.

Pero antes de seguir en ésta línea mencionaremos aunque sea muy brevemente la necesidad de reconsiderar ciertas versiones sobre la propiedad privada y reivindicar su importancia en un proceso donde los ciudadanos –más que el Estado en nombre de ellos- puedan *apropiarse* de los medios de producción y procurarse para sí mismos los recursos materiales de existencia.

¿Y si distribuimos la propiedad privada?

El debate sobre las virtudes o maldades de la propiedad privada es sin duda uno de los temas nucleares de discusión política desde tiempos remotos hasta la más reciente actualidad. En uno de sus extremos podemos encontrar quien la defiende acérrimamente considerándola la piedra angular de toda sociedad que se precie moderna y civilizada de modo que todo o casi todo debería ser privado (anarcocapitalismo y minarquismo) y por el contrario en el otro extremo hay quien la considera la fuente original de toda desigualdad social de modo que lo preciso y justo es eliminarla completamente solo considerándola cuando ésta sea colectiva y quede totalmente en manos del estado (anarcocomunismo y comunismo respectivamente). Pero más allá de estos posicionamientos totalmente opuestos se abre un gran abanico de posibilidades entre las que se haya el republicanismo que considera la propiedad privada como un medio necesario para garantizar la libertad propia y como elemento fundamental para construir un sociedad plenamente democrática. Veamos porqué:

Buena parte de la tradición política desde la Grecia antigua consideraba que los ciudadanos tenían el derecho a participar en la vida política cuando eran individuos libres, en el sentido literal que no dependían de otra persona para vivir. Esta definición es la que excluyó durante siglos tanto a esclavos, como a cualquier persona que estuviese sometida a cierto grado de servidumbre: niños, mujeres, extranjeros que no gozaban de la ciudadanía o los asalariados que el propio Aristóteles asociaba a esclavitud[190]. Desde la democracia griega de los ciudadanos libres (propietarios en el sentido de no depender de un tercero) el desarrollo y profundización de la democracia no ha consistido en otra cosa que -mediante sucesivas oleadas y convulsos vaivenes- tratar de ampliar ese estrecho círculo de personas hasta llegar a nuestros días donde prácticamente todo individuo adulto

---

[190] Aristóteles, *Política*, Alianza Editorial. Cap. V. Madrid, 1993.

es miembro con plenos derechos políticos independientemente de su propiedad privada, nivel de ingresos o riqueza particular[191].

Sin embargo una vez conseguido el voto universal, en nuestras democracias modernas aumenta la percepción que la participación y la libertad política deben ir acompañadas de una equivalente libertad económica entendida como la no dependencia económica, que la ciudadanía para ser plena debe ir vinculada a la disposición de unos recursos económicos básicos. Desde la perspectiva republicana la disposición de estos recursos económicos es lo que permite autogobierno, autonomía e independencia económica que a su vez es lo que permite la libertad de pensamiento y de opinión, liberarse de situaciones de dominación o simplemente ser menos vulnerable a la coerción, presión o de coacción por parte de un empresario, de un partido político, de un sindicato, de un determinado grupo de interés, de cualquier persona o institución social.

Quizás por ello subsiste en nuestras sociedades una larga tradición propietarista que defiende la propiedad privada (históricamente, de la tierra) convencidos que puede permitir las condiciones de posibilidad de la independencia individual que, a su vez, hace posible el ejercicio de la libertad política como el desarrollo personal. Es probablemente esta voluntad de libertad y autonomía la que empuja a un profesor universitario a conseguir su propia plaza en la universidad dado que *la privatización* de esa plaza para uso exclusivo - de él y de nadie más- le permite ser —en principio- independiente y por ello tener la libertad de investigar y aportar propuestas e ideas al margen de intereses y presiones (ello hace especialmente chocante ver algunos profesores universitarios bien protegidos con "su propiedad privada" realizando discursos contra la propiedad privada sin más); igualmente esa voluntad de libertad y autonomía es lo que empuja a una persona a crear su propia empresa, a impulsar su proyecto profesional particular o a una tercera a adquirir invertir sus ahorros o a través de un

---

[191] Para una visión histórica del republicanismo -democrático- es recomendable ver los distintos artículos y libros de Antoni Domènech, entre ellos: Antoni Domènech, *El eclipse de la fraternidad: una visión republicana de la tradición socialista*, Barcelona, Crítica, 2003.

préstamo una propiedad, o finalmente también es lo que motiva la aparición de un amplio movimiento en favor de una renta básica universal[192].

Así pues, si de acuerdo con el planteamiento del republicanismo aceptamos que la independencia material es una condición innegociable para la independencia política podemos hacer dos cosas: la primera es optar, como Aristóteles y como el neoliberalismo más exacerbado-, por considerar ciudadanos como aquellos que son autónomos económicamente aceptando la exclusión de todas aquellas personas sin autonomía económica o bien apostar por un republicanismo democrático y avanzar hacia una economía ciudadana que trate de facilitar la propiedad privada entre tantas personas como sea posible para que tengan, como mínimo, un nivel suficiente autonomía económica que permita a su vez el pleno ejercicio de su libertad política. Una política distributiva de la propiedad privada no debe por lo tanto limitarse a insistir obstinadamente en la importancia de la participación política de cualquier persona, ni tampoco se limitará a *simple* redistribución de la riqueza creada por unos pocos, sino que tratará que todos los ciudadanos cuenten o puedan contar con la subsistencia material suficiente, procurará que cada ciudadano se apropie de ellos, que sea propietario de esos recursos, y facilitará que sea propietario individual i/o colectivo de sus propios medios de producción.

Al fin y al cabo, a diferencia de los extremos anteriormente mencionados (anarcocapitalismo que hace de la propiedad privada el único criterio y el comunismo que solo la considera cuando la gestiona el estado), en el republicanismo democrático la necesidad de preservar los bienes comunes y dotarse de servicios públicos básicos convive con la necesaria distribución de la propiedad privada como condición para avanzar hacia una economía ciudadana y contribuir al desarrollo de una democracia lo más libre y equitativa posible.

En conclusión podemos afirmar que la libertad individual, que es el valor central de toda aspiración emancipadora, no está en

---

[192] http://www.redrentabasica.org

contradicción con los intereses colectivos. Así lo proclama un autor tan poco sospechoso de neoliberal como Proudhon en sus *Confessions d'un révolutionnaire*:

"¡Libertad! Esta es la primera y la última palabra de la filosofía social. Es extraño que después de tantas oscilaciones y retrocesos en la ruta escabrosa y complicada de las revoluciones, acabemos por descubrir que el remedio de tanta miseria, la solución de tantos problemas, consiste en dar un curso más libre a la libertad derribando las barreras que han sido elevadas ante ella por la autoridad pública y propietaria"[193].

Para impulsar por lo tanto un turismo ciudadano, más que aspirar una administración pública que se apropie de la propiedad privada en nombre de todos, que lo controle todo en nombre todos, deberíamos considerar la necesidad una administración que empoderase a cada uno de ellos, que facilitase la libertad personal tratando de crear condiciones de competitividad lo más libre posibles sin facilitar por descontado la labor en ningún caso a aquellos que tiene un posicionamiento de dominio, sea directamente o sea con estrategias aparentemente anticapitalistas. Para ello es obviamente necesario un cambio paulatino de la administración pública de modo que se oriente a la dinamización de oportunidades más que a frenarlas.

---

[193] "Liberté ! voilà le premier et le dernier mot de la philosophie sociale. Il est étrange qu'après tant d'oscillations et de reculades dans la route scabreuse et compliquée des révolutions, nous finissions par découvrir que le remède à tant de misères, la solution de tant de problèmes, consiste à donner un plus libre cours à la liberté, en abaissant les barrages qu'ont élevés au-devant d'elle l'Autorité publique et propriétaire ?" Pierre-Joseph Proudhon, *Les Confessions d'un révolutionnaire pour servir à l'histoire de la Révolution de Février*, Paris, Garnier frères, 1851.

3.3   EL NECESARIO CAMBIO DE LA ADMINISTRACIÓN

Función de la administración

La metáfora del cuerpo humano utilizada para describir el estado o una comunidad política determinada viene de lejos como bien explica el reconocido medievalista Jacques Le Goff[194]. Platón por ejemplo definió su ciudad ideal de acuerdo a un modelo organicista, distinguiendo y separando la cabeza (el filósofo rey) del vientre (los agricultores) y de los pies (los guardianes). La cabeza era para los romanos igualmente -como para la mayor parte de los pueblos- la sede del cerebro, órgano que contiene el alma, la fuerza vital de la persona que ejerce en el cuerpo la función dirigente. En la Edad Media el *Policratus* de John Salisbury (1159) desarrolla la idea del Estado (la República) como si fuera un cuerpo: el Príncipe ocupa el lugar de la cabeza junto con los hombres honorables de la sociedad (jueces, representantes de la administración representados por boca, orejas o lengua…). Esa asociación tan común en el espacio y el tiempo explica probablemente la afición tan extendida entre todo tipo de pueblos, de la decapitación, utilizada para aniquilar y/o apropiarse según los casos de la personalidad de una víctima o enemigo.

Las distintas categorías socio-profesionales están repartidas en categorías menos nobles: los funcionarios y soldados, por ejemplo, están simbolizados en las manos, debido a la poca consideración del

---

[194] Jacques Le Goff y Nicolas Truong, *Una historia del cuerpo en la Edad Media*, Barcelona, Paidós, 2005.

trabajo manual. Finalmente en los pies encontramos a los campesinos, la parte más baja del cuerpo humano aunque sea ésta la que lo mantiene de pie y le permite caminar -siempre, claro está, previa indicación del cerebro alojado en la cabeza.

Para variar, los peor localizados son los aquellos que encarnan la economía y, más en particular, la gestión del dinero. Una vez más el pensamiento antiguo y el pensamiento católico-cristiano se unen en este desprecio hacia la acumulación, la gestión de la riqueza o la simple voluntad de procurarse un escenario de independencia económica que procure a su vez libertad y autonomía de pensamiento y de acción. La representación de este colectivo queda por ello situada en los pliegues innobles del vientre y de los intestinos, en un lugar degradante, caldo de cultivo tanto de enfermedades como de vicios…

Es comprensible en el siglo XII, una metáfora de este tipo. Lo sorprendente es que pese a la infinidad de cambios sociales, culturales, tecnológicos acontecidos desde entonces, podamos constatar como en pleno siglo XXI pervive en amplios sectores sociales (políticos y *académico-intelectuales* especialmente) de la sociedad dicha mentalidad *organicista*. Así por ejemplo pervive la mentalidad según la cual los ciudadanos deben ir a remolque de lo que los poderes públicos decidan. Y es que si la sociedad actual fuera un cuerpo humano probablemente una mayoría seguiría considerando que los poderes ejecutivo, legislativo o el gobierno municipal junto con sus órganos paralelos (jueces, políticos, partidos, intelectualidad académica corporativa) representan la cabeza, el ámbito donde se piensa.

En ésta línea los funcionarios públicos (judiciales, técnicos, policías) quedarían situados en las manos, destinadas a *ejecutar* lo que la cabeza ha pensado y decidido. Y probablemente en los pies seguiríamos ubicando a los ciudadanos suficientemente ocupados en las tares de emplearse, conseguir medios de subsistencia y proveerse de espacios y momentos de placer personal más que en ponerse a reflexionar sobre metáforas del *cuerpo* político. Los empresarios o cualquiera que genere dinero por cuenta propia (proporcionalmente en la medida que se apropie de más y más recursos) seguirían estando ubicados en los riñones, seguirían mal considerados, en la medida que suelen amplificarse los casos de malas prácticas y obviando al mismo tiempo la necesidad de la iniciativa empresarial para la generación de riqueza.

Cierto es que la moda del *participacionismo* trata de corregir la pervivencia de la metáfora del cuerpo político medieval, generando mecanismos y procesos que coordinen *pies y cabeza*, pero no cuestiona la estructura fundamental del modelo basado en la metáfora, donde la cabeza sigue siendo la que piensa y decide, y el resto del cuerpo quién se limita a seguir órdenes.

En una economía ciudadana dicho modelo *organicista* tendría sin embargo una representación inversa: los pies probablemente deberían estar representados por las empresas (micro, pequeñas, medianas o grandes) en la medida que, más allá de los casos de malas prácticas éticas, empresariales o directamente de corrupción, son el sustento para la generación de riqueza, lo que aguanta el peso del cuerpo social. La cabeza debería ser el espacio reservado a los ciudadanos, a la infinidad de iniciativas sociales, culturales, artísticas y económicas que se dan en una comunidad política y que en un sistema democrático ni se pueden ni se debe trata de *controlar*.

¿Cual sería entonces la función *orgánica* de los poderes públicos? Sin duda los poderes públicos junto con el gigantesco cuerpo administrativo (representantes políticos y funcionarios públicos de todos los ámbitos, desde tributarios hasta educación, sanidad, seguridad o justicia) deberían estar simbolizados por las manos, como espacio dedicado la función ejecutiva, a la obligación de *manipular* positivamente las ideas generadas por la cabeza y darles tránsito real. Si consideramos el cuerpo político así, la consecuencia lógica es que los gobiernos (sean estatales o locales) deberían estar obligados a centrar toda su energía de forma exclusiva a *concretar* formas regulatorias satisfactorias de la iniciativa ciudadana. Los gobiernos deberían tener el deber y la obligación de dar cabida legal, dar forma a la iniciativa ciudadana siempre por delante de la función administrativa. El reto de una administración pública debería está por lo tanto orientada a dar soluciones a la infinita e incontrolable inventiva ciudadana. En la Edad Media el Estado (la cabeza) lo pensaba todo. Lo decidía todo. Incluso la vida y la muerte de sus súbditos. En el siglo XXI es obvio que la administración pública ha perdido cualquier atisbo de monopolio del conocimiento y, aunque perviven las dinámicas de querer *controlar* la incontrolable iniciativa ciudadana, es una evidencia que vemos todos los días la imposibilidad de conseguirlo.

En un contexto de procesos y cambios tecnológicos vertiginosos por lo tanto, en un escenario global con complejos y continuos procesos de fusión y mestizaje social, cultural y económico, la administración pública debería abandonar de una vez por todas el *modelo organicista medieval* y tratar de adaptarse cuanto antes a un mundo en cambio continuo y progresivamente acelerado. Un reto de tal magnitud no debería igualmente dejar tiempo alguno para la practica de políticas cortoplacistas de culpabilización o demonización. Ninguna energía debería desaprovecharse. Todo debería invertirse simplemente en tratar de ser capaz de administrar positivamente los resultados de la inagotable imaginación ciudadana. Sería sin duda una forma de democratizar el poder social y económico.

De lo contrario ciertos *poderes* lo tienen demasiado fácil para perpetuarse, limitándose a controlar todo el cuerpo social, en beneficio propio, simplemente con la capacidad *de mantener o cortar la cabeza* cuando se les antoje, o mejor dicho, cuando a sus intereses les convenga.

Modernización de la gestión pública

El modelo industrial *taylorista* de organización del trabajo (procesos en cadena, jerárquicos, jornadas estáticas, trabajo presencial, etc) sigue dominando prácticamente, en todas las facetas de la gestión sea pública, empresarial o social. Sin embargo los cambios vertiginosos de la economía global y de la sociedad requieren aumentar la velocidad de adaptación a nuevas formas de trabajar, nuevos formas de colaborar, nuevas formas de enfocar la gestión pública que permitan facilitar la iniciativa ciudadana además de proteger grupos o sectores de riesgo[195].

En el entorno actual, vertiginosamente cambiante, lo que limita el rendimiento de las organizaciones, tanto de las empresas como de les administraciones, ya no es tanto su modelo de negocio, de funcionamiento, sino su modelo de gestión. Fuertes resistencias, de hábitos y de tradición, ante nuevas formas de trabajo más abiertas, flexibles, heterogéneas, dificultan incorporar estructuras más dinámicas, más abiertas, más flexibles, más adaptables y, especialmente, más cooperativas[196] y colaborativas.

El marketing 3.0 supone una buena prueba de ello, cuando se pretende implicar a los consumidores en la empresa, en la evolución de

---

[195] Son muchos los indicadores que señalan un futuro crecientemente cooperativo y colaborativo. Si bien son varios los ámbitos donde podemos hallar pruebas de ello -por ejemplo, en política global, parece ya obvio, que cualquier aspiración mundial de paz pasa por una estrecha cooperación entre países-, es en el ámbito de la gestión empresarial donde, quizás, podamos hallar más elementos que evidencian esa tendencia.

[196] El cooperativismo, la cooperación, el trabajar conjuntamente, colaborando, creando sinergias, dinámicas ganadoras y conciliadoras para todos los actores que intervienen, puede –y debe- ser un valor del que se pueda apropiar cualquier tipo de organización social, política o empresarial. Cabe señalar los sistemas cooperativos no son exclusivos de las empresas creadas bajo dicha fórmula jurídica, las cooperativas –el nombre no hace la cosa, podríamos decir. El único requisito para reclamarse cooperativo y colaborativo es serlo, practicarlo en alguna -o todas- las dimensiones de la gestión de la empresa.

sus productos e incluso en su creación (*cocreation*). En el sistema tradicional, las empresas decidían –y siguen decidiendo en la mayoría de los casos- sobre los productos y los servicios que fabricaran. Implícitamente, dicho modelo de gestión supone que, desde la empresa, se decide lo que es valioso, o no, para el cliente, en una especie de despotismo ilustrado aplicado al *management*. Es obvio que en este sistema, los consumidores tienen poca o nula participación en la creación de valor. En una dinámica de marketing 3.0, en cambio, el valor ya no se crea desde un despacho, con dos o tres directivos más o menos brillantes, para luego intercambiarlo con el cliente, sino que el valor se co-crea entre la empresa y el consumidor. El valor creado es, por lo tanto, un fruto cooperativo.

Por ello, es más imprescindible hoy que nunca, que podamos disponer cuanto antes de una buena capacidad de gestión pública, capaz de no frenar, atraer y potenciar todo el activo que reside en la ciudadanía. La gestión publica necesita incorporar, cuanto antes, personas con visión y emprendedoras, con personalidad propia y con capacidad de ir más allá de lo impuesto por la tradición. Justamente, ese tipo de personas que sufren por la excesiva burocracia, aquellas que se preocupan porqué los requerimientos y procedimientos no ahoguen la capacidad innovación, aquellas que piensan que los ciudadanos son suficientemente inteligentes para aportar soluciones a los problemas actuales, aquellas que, en definitiva, son conscientes que la gestión tradicional -jerárquica, autárquica y despótica ilustrada, que aún se practica en muchos ámbitos tanto de lo público cómo de lo privado- es un lastre para un desarrollo económico sostenible de nuestras sociedades.

Una economía ciudadana parte de la constatación que el conocimiento, la creatividad y la innovación de los ciudadanos son la fuerza propulsora de la creación de riqueza, una administración colaborativa debe ser capaz de movilizar, optimizar y por supuesto no frenar la iniciativa económica ciudadana. Por ello la gestión pública necesita una fuerte remodelación para que sea capaz de preguntarse preguntas como ¿Cómo hoy podemos cocrear con los ciudadanos, entonces?, ¿Cómo se puede extraer el talento y aprovechar las capacidades de cada ciudadano para impulsar su libertad y contribuir a su vez -o justamente por ello- al bien común?, ¿Qué espacios y procesos hay que crear para crear, conjuntamente, valor público[197]? ¿Cuáles hay que eliminar para dejar fluir la iniciativa ciudadana?

Una gestión pública en definitiva orientada a preservar y mantener los bienes comunes urbanos entendidos no "como un tipo particular de cosas o activos y ni siquiera de procesos sociales, sino como una relación social inestable y maleable entre cierto grupo social autodefinido y los aspectos de su entorno social y/o físico, existente o por ser creado, considerada sustancial para su vida y pervivencia"[198]. Para responder a todo ello será igualmente imprescindible un buen liderazgo público.

---

[197] El valor público no es el generado por la administración pública sino el creado por todos los ciudadanos en cualquiera de las actividades que realizan como personas, en su actividad personal, profesional, empresarial, etc... Y también la que genera la administración pública.

[198] David Harvey, *Ciudades rebeldes*. Madrid, Akal, 2013 y David Harvey, *Diecisiete contradicciones y el fin del capitalismo*. Quito, IAEN, 2014.

Liderazgo público e iniciativa ciudadana

No se trata de suprimir el estado sino de lo contrario: de consolidarlo y hacerlo más eficaz con menos burocracia y más transparencia. A través de su proactividad de los gobiernos y las administraciones públicas para instaurar mecanismos de redistribución de la riqueza (fiscalidad justa) y de control de las grandes corporaciones (transparencia). Se trata pues de combinar las exigencias para mejorar la legislación vigente como de crear nueva normativa que plantee una fiscalidad justa: impulsar las propuestas y alternativas para desmantelar la *lex mercatoria*. Pero una economía ciudadana implica además una desregulación *desde abajo*, para lo cual es inevitable que se retire de muchos ámbitos sociales que ocupa[199]. Lejos de dinámicas neoliberales donde es *utilizada* para facilitar la actividad de grandes poderes económicos, una administración verdaderamente pública debería ser el marco inevitable y regulador de la vida social y económica, generadora de oportunidades y defensora de una igualdad compleja[200]: reformas para favorecer el mercado que impliquen mayor eficacia y mayor justicia socia en la medida en que reduzcan privilegios y aumenten las oportunidades para todos, contribuyan a un sistema fundado sobre una verdadera meritocracia. La regulación excesiva termina por beneficiar a quien tiene capacidad para movilizar el capital, quien tiene capacidad para buscar los recovecos legislativos, que terminando por perpetuar la protección de ciertos *estatus*, un sector público que no siempre beneficia a los más *pobres* sino

---

[199] Daniel Innenarity, *La revolución liberal de la socialdemocracia*, 2010. Disponible en https://www.danielinnerarity.es

[200] Más allá de la ilusión de considerar la justicia social como simple igualdad, poniendo el acento más que en la nivelación por abajo, en la igualdad de oportunidades. Michael Walzer, *Las esferas de la justicia*, México, Fondo de Cultura Económica, 1993. Como se sabe no cualquier incremento de las obligaciones sociales conduce a eliminar las desigualdades; con demasiada frecuencia, el Estado *benevolente* produce nuevas injusticias, en la medida en que favorece a quien no lo necesita y excluye arbitrariamente a otros.

a los mejor situados[201], etc... Una administración pública en definitiva que ni se alíe con los intereses de grandes oligopolios ni tampoco limite los movimientos de un ciudadano degradándole a ser sujeto pasivo necesitado de su paternalista protección.

Un buen liderazgo público debe realizar por el contrario un esfuerzo para proveer a sus ciudadanos de estímulos, diversidad y riqueza de experiencias y para no entorpecer al mismo tiempo la iniciativa propia de la ciudadanía. El aumento del capital intelectual y social en gran parte de la sociedad combinado con las potencialidades de la tecnología y las redes sociales ha configurado una ciudadanía con altas capacidades para aportar valor público y, además, con una creciente convicción de que debe poder hacerlo en una sociedad democrática avanzada. Ciudadanos activos quiere necesitan acción y experiencia, espacio para desarrollar actividad económica de forma creativa, innovadora y espacios para proponer nuevas ideas y proyectos económicas, sociales y políticos que les permita expresarse y desarrollarse como individuos sin que deba cuestionarse su aportación al bien común.

La gestión pública tradicional debe desarrollarse en consecuencia hacia una concepción abierta hacia lo cooperativo con toda la incontrolable energía ciudadanía pese a los miedos, a las resistencias por perder control, perder poder y situarse en una posición menos confortable. Los gobiernos locales deben impulsar el cambio cuanto antes. Para ello parece imprescindible interiorizar que en una sociedad democrática la ciudadanía no puede ser nunca un problema sino, justamente lo contrario, su solución. Dicha voluntad de participación real, de incidencia social no puede limitarse, ni frenarse, ni desperdiciarse.

---

[201] Daniel Innenarity, *La revolución liberal de la socialdemocracia*, 2010. Disponible en https://www.danielinnerarity.es

3.4 LAS PLATAFORMAS DIGITALES COMO OPORTUNIDAD

Una economía ciudadana pretende situar a los ciudadanos en el centro de la actividad económica de la ciudad. Más allá de ser receptores de una redistribución económica imprescindible entre ricos y pobres, en una economía ciudadana los ciudadanos asumen un rol activo y protagonista del rumbo económico de su ciudad, actúan como productores y generadores de una riqueza económica que revierte simultáneamente en su propio beneficio (mediante los ingresos que obtiene) y en el de la ciudad (a través del gasto económico corriente que realiza a diario en comercios, entidades financieras o empresas de servicios y el correspondiente pago de impuestos).

Desde este punto de vista, el surgimiento de la economía colaborativa hace escasos años y su aplicación al turismo debería ser vista como una gran noticia. Gracias a ello miles de ciudadanos pueden alquilar a título individual una habitación de su casa, alquilarla entera o bien alquilar otra propiedad de que dispongan. Inmersos en una crisis económica de grandes proporciones (con más de un 20% de paro estructural y llegando al 50% de paro juvenil en España, por ejemplo) es razonable pensar además que dicha posibilidad sea vista como un gran respiro para personas que sufren o han sufrido directamente los efectos la crisis. No en vano gracias al alojamiento a los turistas (aunque mejor deberíamos empezar a considerarlas simplemente como personas –maestras, abogados, técnicos, administrativos, cantantes, boxeadores, estudiantes, ingenieros, informáticos...- que quieren visitar nuestras ciudades) han podido conseguir los ingresos que habían perdido, complementarlos o incluso convertirse en microempresarios convirtiendo el alojamiento a turistas en su actividad principal. Y es que no se trata de compartir. O no solo de eso. No se trata de un *neohippismo*. Es más simple: se trata de generar ingresos económicos con lo que poder pagar facturas y obtener, a ser posible, beneficios. Y para escándalo de algunos, tantos como sea posible! Hecho que por otro lado se da por descontado para cualquier otra actividad económica urbana.

Es razonable pensar que el sector hotelero se inquiete por ello. Al fin y al cabo, a nadie le gustaría perder -aunque solo sea un porcentaje- el monopolio en el que uno estuviese cómodamente instalado. El sector hotelero lo ha disfrutado durante decenios en todas partes del mundo contribuyendo a generar un tráfico de personas por todas partes coincidiendo con el abaratamiento de los medios de transporte. Ciertamente el capitalismo se basa precisamente en eso, en crear ventajas monopolísticas y conseguir las rentas de este monopolio. Pero el capitalismo también se basa en liberalizar sectores monopolizados para dar cabida a nuevos competidores que incorporan algún tipo de innovación o mejora. Y cuando la innovación se produce es lógico y previsible que se den todo tipo de resistencias al cambio, tratando de frenar la aparición de nuevas dinámicas e idealizando un pasado que parece inevitable dejar atrás.

Ante esta situación es razonable pensar también que el sector monopolizado decida invertir grandes recursos económicos y movilizar el aparato mediático tanto como sea posible para demonizar los perniciosos efectos de la liberalización de un sector hasta ahora monopolizado. Por ello se entiende bien que la *turistofobia* haya crecido estos años paralelamente a la aparición de nuevos operadores (particulares o pequeñas empresas) hasta el punto de culpabilizar al ciudadano que aloja a turistas en su casa (o en una casa de su propiedad) de todos los males que acechan a la ciudad: gentrificación, *urbanalización*, el cierre del comercio de proximidad y toda suerte de males endémicos.

Pero, ¿Porque se inquieta el monopolio hotelero? Si se tratase de cuatro *neohippies* hasta podrían ser vistos con simpatía. La respuesta es evidente: no se trata de cuatro *neohippies* sino de miles de personas. He ahí el problema: cuando son miles los ciudadanos que ven en ello una forma de actividad económica. O dicho de otro modo, cuando son miles los que ven posibilidad de acceder a los medios de producción y, simplemente, lo hacen. Lo diga la Ley o no. Simplemente quieren empoderarse –económicamente- y convertirse en productores, en generadores ellos mismos de riqueza, en ciudadanos autónomos y soberanos confiados en que la administración pública adaptará la ley a los ciudanos y no al revés, a la innovación y no al revés. Porque están convencidos que desde una perspectiva ciudadana la liberalización del sector del alojamiento turístico debería ser gran oportunidad para abrir un sector monopolizado a miles de personas y permitir que puedan hacer de ello un complemento a su actividad económica[202] o que puedan hacer de ello su actividad principal[203].

El reto de una administración pública orientada hacia una economía ciudadana parece claro: ser capaz de distinguir las oportunidades de las debilidades. Ello implica por un lado impulsar todo tipo de apoyos y facilidades para que esta innovación económica y ciudadana pueda consolidarse, más si cabe inmersos como estamos en una crisis estructural como la que estamos atravesando. Algunas de las acciones a implementar deberían tratar de promover una cultura

---

[202] El modelo P2P, donde los ciudadanos locales alojan a visitantes en sus propias casas, significa una importante fuente de ingresos para muchos residentes locales con ingresos bajos. Según datos del estudio realizado por ESADE y IESE en 2014, por ejemplo, un 75% de los anfitriones de Airbnb cobraba el ingreso medio por hogar de Catalunya o por debajo de este. El 60% gasta los ingresos obtenidos a través de Airbnb en los gastos domésticos más importantes y un 53% los dedicaba a pagar hipoteca o alquiler. Según su estudio de impacto económico sobre Barcelona, Airbnb detallaba para 2014 el impacto positivo de la plataforma en la economía de Barcelona cifrado en 128 millones de euros de actividad económica y con el impulso directo e indirecto de 4.310 puestos de trabajo. Ver en: https://www.airbnb.es/press/news/la-comunidad-airbnb-aporta-128-millones-de-euros-a-la-economia-de-barcelona

[203] El modelo de anfitriones particulares que alojan a viajeros parece además un modelo mucho más sostenible y eficiente porqué pueden evitar la necesidad de nuevas y costosas edificaciones. Igualmente el modelo P2P es la vía de entrada perfecta a la ciudad: sus ciudadanos. ¿Quién sino está más interesado en valorar y mantener la ciudad que sus propios ciudadanos? Tanto ingenieros, como artistas, emprendedores o personas mayores que alojan a visitantes pueden asumir el mejor rol de anfitrión para conectar al turista con la ciudad con su realidad y sus valores: simplemente porqué es su ciudad.

ciudadana receptiva al turismo capaz de superar estigmatizaciones y aprovechar todo su potencial para el bien común[204]. En el ámbito de las debilidades debería ser capaz de establecer una normativa que prevea casos de malas prácticas (como en cualquier otra actividad económica que se dé en la ciudad y como establece el sentido común) y establecer un marco de gestión tributaria que permita ingresar más recursos a las arcas públicas y en consecuencia permita reinvertir en los barrios y visualizar –también- su efectos positivos.

Sin duda una gestión pública inteligente debería ser aquella que supere el argumentario de la resistencia al cambio y invirtiese ingentes esfuerzos en una gestión estratégica del turismo que garantice que un mayor número de ciudadanos puedan beneficiarse de él, no solo como receptores de la redistribución entre ricos y pobres sino como productores, como protagonistas de la actividad económica de la ciudad. De ser así, sin duda habremos sido capaces de aprovechar el turismo para impulsar una economía urbana más ciudadana.

Respecto a las plataformas digitales por ejemplo, nos gusten más o nos gusten menos, forman parte ya de nuestra realidad cotidiana social y económica. Independientemente de la visión más *cyberutópica* o más *cyberescéptica* en cuanto a sus efectos, lo cierto es que las plataformas digitales son una realidad bien palpable que solo aumentará aún más presencia en nuestra vida personal y colectiva en los próximos años. Por ello debemos preguntarnos como deben y pueden contribuir las plataformas digitales a una economía ciudadana, una economía creada, gestionada y orientada hacia los ciudadanos. Con este propósito esbozamos tres grandes estrategias que en cualquier caso requieren un papel activo de los ciudadanos -sea en su dimensión activista o en su dimensión emprendedora- así como de los responsables públicos, sean técnicos o sean políticos.

---

[204] Las empresas colaborativas, como fachada de la actividad económica ciudadana, están por lo tanto contribuyendo a la sociedad desde un punto de vista "redistributivo", que genera un gran beneficio de resiliencia social. El reto en todo caso para el sector turístico colaborativo debe ser transitar también al estadio "contributivo" y visualizar el valor público creado para el conjunto de la ciudad.

1a estrategia - Activismo social para controlar las plataformas digitales corporativas

Los *cyberutópicos colaborativos* empiezan a constatar que las plataformas colaborativas no son las plataformas colaborativas de qué tanto presumían años atrás. En realidad son simples marcas corporativas que operan de acuerdo a las tradicionales leyes del mercado pero en un entorno digital. Su modelo de negocio es parecido al de una empresa de distribución que actúa como intermediario entre proveedores (el famoso ciudadano productor) con los consumidores (el usuario, cliente, etc). El coste de la intermediación es el ingreso de la plataforma. Y como cualquier empresa de distribución que opera en el mercado establece férreamente las reglas de juego en las que se produce la intermediación. Ciertamente esta constatación reduce el grado de mística *new age* con la que fueron consideradas pero la innovación que suponen en el mercado siguen siendo muy interesantes para los consumidores que pueden acceder a nuevos servicios o nuevos mercados.

La primera estrategia para conseguir que dichas plataformas digitales corporativas digitales tengan una orientación ciudadana pasa por lo tanto por el activismo social en su función de seguimiento -y denuncia pública cuando sea el caso- para velar que no se den agravios, precarización laboral, evasión fiscal o toda suerte de malas prácticas. El activismo social también es imprescindible cuando, incluso cumpliendo la ley, se den prácticas poco éticas respecto por ejemplo a la contribución fiscal que debería corresponder a las plataformas digitales. El activismo social encaja perfectamente en el perfil del *cyberescéptico colaborativo* y es fundamental porque una economía ciudadana no puede construirse sin ciudadanos activos capaces vigilar y alertar de prácticas ilegales o comportamientos éticamente dudosos. Sin embargo el activismo social es tan necesario e imprescindible como insuficiente si no se complementa con otras estrategias de tipo propositivo orientadas a facilitar que las plataformas digitales crean valor público.

2a estrategia - Plataformas digitales colaborativas y políticas públicas

La segunda estrategia pasa por la tanto por ser capaces de generar propuestas concretas sobre cómo pueden las plataformas digitales corporativas orientarse a hacia una economía más ciudadana. Vetar, prohibir o incluso demonizar las plataformas digitales puede que sea un camino fácil y aparentemente efectivo a corto plazo pero a largo plazo se muestra poco inteligente y sobretodo estéril para aportar valor público, objetivo fundamental de la gestión pública. El propio Marx, a propósito de los luditas, obstinados en eliminar todas las máquinas como medida para acabar con el capitalismo, lo advertía "Faltaba tiempo y experiencia antes de que los obreros aprendiesen a distinguir entre la maquinaria y su empleo por parte del capital, y a dirigir sus ataques no contra los instrumentos materiales de la producción sino contra el modo en que estos se usaban"[205]. Es fundamental por lo tanto activar la imaginación estratégica suficiente que permita trazar líneas de cooperación con el diseño de políticas públicas, por ejemplo vinculando las plataformas digitales corporativas de movilidad compartida con las políticas públicas de transporte, relacionando las políticas de vivienda con las plataformas digitales corporativas vinculadas al compartir servicios, vinculando las plataformas digitales de alojamiento particular con las políticas públicas de creación de empleo y emprendeduría o finalmente incorporarlas a los itinerarios de la educación pública sensibilizando los futuros emprendedores digitales en la necesidad de la doble rentabilidad social y económica.

Sin embargo para quien la existencia de las actuales plataformas digitales no le satisfaga, más que rentabilizar un discurso *anti*, a través de un sinfín de charlas, conferencias y congresos en todo el mundo, podría tratar de crear modelos alternativos, operativos, crear empresas alternativas basadas modelos *aún más* exigentes no solo respecto a la calidad y excelencia del servicio prestado sino respecto como se presta el servicio, por ejemplo creando una plataforma digital cooperativa siguiendo la tercera estrategia propuesta.

---

[205] Karl Marx, *El Capital Libro I, vol. 2*, Madrid, Siglo XXI editores, 1975, p.522.

3a estrategia: *Plataformas digitales cooperativas*

Las plataformas digitales corporativas han innovado facilitando el contacto entre personas individuales. El ciudadano se convierte así en productor a título individual abriendo un sinfín de posibilidades. Al mismo tiempo sin embargo el ciudadano-productor no tienen ningún control sobre la plataforma misma. Ésta actúa como cualquier marca global, imponiendo las reglas del intercambio y controlando tanto el proceso como el acceso. Igualmente las plataformas operan como cualquier empresa capitalista abriéndose a nuevos inversionistas para poder competir ofreciéndoles los mejores retornos financieros posibles. Desde una perspectiva de economía ciudadana ¿Porque limitarse a dar poder a los ciudadanos como productores cuando éstos podrían ser también propietarios de la plataforma misma, del medio de distribución? En este sentido, la importación del modelo cooperativo al modelo de negocio digital puede ser la mejor forma para introducir la democracia en la empresa y ejercer un auténtico y real control ciudadano que pueda garantizar la orientación de la plataforma digital hacia una economía ciudadana.

Para desarrollar con éxito plataformas digitales cooperativas solo habrá que igualar –o superar- la excelencia en el servicio de este tipo de plataformas incorporando la dimensión de gestión propiamente cooperativa, la implicación y participación de sus socios, en la creación, desarrollo e implementación de la plataforma digital cooperativa.

Así, por ejemplo, en el ámbito del turismo, aquellas personas que disponen de una habitación o de un piso podrían agruparse en una gran cooperativa de consumidores. El desarrollo de una plataforma digital cooperativa de este tipo implicaría que los beneficios se repartieran entre sus socios, que los trabajadores de la plataforma digital pudieran ser socios de trabajo y que los miles y millones de usuarios en todo el mundo fuera socios de consumo extendiendo a su vez los principios de la economía cooperativa. Bien es cierto que habría que superar igualmente una visión a menudo excesivamente naíf sobre lo que es una cooperativa, por ejemplo recordando que aunque su misión sea cumplir su finalidad social, sigue obligada como mínimo a no tener pérdidas –imputables a los socios en caso de que las hubiera-, recordando que una cooperativa no deja de ser una empresa que compite en el mercado.

A partir de una visión real, el modelo cooperativo puede ser una vía eficaz para complementar la innovación de los modelos de negocio de las plataformas digitales corporativas garantizando la vinculación ciudadana de las plataformas digitales mediante el control total y absoluto de la empresa. Por ello es imprescindible que los emprendedores *colaborativos-cyberutópicos* asuman el reto de serlo no solo en la creación del negocio sino también en el como se crea el negocio, la gestión dentro de la empresa (en su gestión, en el compartir los medios de producción y sus beneficios, etc) y así contribuir de modo más eficaz a una economía realmente colaborativa, una economía ciudadana. Del mismo modo todos aquellos *cyberescépticos* que consideran que las plataformas digitales corporativas son solo un eslabón más del capitalismo financiero deberían ser capaces de invertir también sus esfuerzos y recursos en la creación de plataformas digitales cooperativas.

Finalmente la administración pública debería ser capaz igualmente de impulsar la creación de alternativas empresariales, concretas y tangibles, asesorando, aportando recursos técnicos y económicos para crear plataformas digitales cooperativas capaces de operar de acuerdo con las leyes del mercado y ser una oferta real e incluso mayoritaria y a la vez con capacidad para garantizar sentido ciudadano, desde la creación, pasando por la gestión y los resultados de la empresa cooperativa. Emprendedores, propietarios, ciudadanos, directivos públicos y responsables políticos, directivos públicos tienen la posibilidad por la tanto de tomar la iniciativa en el mundo digital y garantizar que contribuya integralmente a avanzar hacia una economía digital ciudadana.

4. HACIA UN TURISMO CIUDADANO

No hay duda que es en el entorno urbano donde políticos, activistas, intelectuales, ciudadanos pueden hacer posible cambios concretos que mejoren nuestro entorno, nuestras ciudades y por extensión el mundo en el que vivimos. El propio Banco Mundial afirma que el siglo XXI es el de las ciudades, con dos terceras partes de la población viviendo en urbes en 2050 [206], de modo que orientar el turismo hacia una economía ciudadana puede ser un reto tan complejo como oportuno para todo aquél que aspire a contribuir a mejorar las condiciones sociales, ambientales y económicos de todas las personas que viven en nuestro planeta.

Una economía ciudadana es aquella que pretende dar sentido ciudadano a la actividad económica de la ciudad, aquella economía creada por lo tanto principalmente por sus ciudadanos, gestionada por ellos y orientada en sus efectos hacia ellos[207]. Inmersa en un siempre complejo equilibrio entre igualdad y libertad[208], una economía ciudadana trata de encontrar las mejores soluciones para resolver los dilemas y contradicciones que la realidad plantea. Orientando la estrategia económica de la ciudad por ejemplo, hacia una economía que

---

[206] Banco Mundial 2013.

[207] Roger Sunyer, *Hacia una economía ciudadana*, Barcelona, UOC, 2015.

[208] Norberto Bobbio, *Esquerra i dreta. Raons per una distinció política*, Barcelona, Afers, 1995.

no *solo* frene la desigualdad y la exclusión social, los costes ambientales o el despilfarro de recursos básicos, sino que también dé la vuelta a una gestión pública, a menudo demasiado centrada en aspectos procedimentales y prácticas tecnocráticas, o se oriente hacia la democratización del poder económico facilitando tanto como sea posible oportunidades de liberación ciudadana.

Una economía ciudadana requiere de un marco político y administrativo que vele[209] para que todos los ciudadanos puedan *comerciar* libremente en los mercados pero procura a su vez minimizar –que no debilitar– tanto el poder estatal –o el de cualquier administración pública– como el de aquellos oligopolios que actúan *prepotentemente*[210]. Una economía ciudadana se desarrolla por lo tanto entre un marco estatal –o el de cualquier administración pública– con el poder indispensable y una economía de mercado sin prepotencias[211], llevando implícita por lo tanto una crítica *libertaria* a cualquier forma de poder autoritario[212]. Se impulsa contra todo poder que anule la libertad e iniciativa ciudadana y por ello trata siempre de empoderar *desde abajo* ciudadanos y empresas para crear un mercado lo más libre posible. Tratando de conciliar libertad e igualdad situándose tanto contra de la arbitrariedad del estado como contra la prepotencia económica de sectores monopolizados, requiere la constante creación de oportunidades –y de igualdad de oportunidades– que permitan participar en el mercado libre más allá de una *simple* redistribución centralizada.

---

[209] Tal y como el propio Adam Smith proponía. Ver nota 171.

[210] Walter Oswalt, "La revolución liberal: acabar con el poder de los consorcios", en Themata 23, 141-179, Sevilla, 1999.

[211] La expresión *laissez faire, laissez passer* cobra aquí su sentido originario de facilitar la libertad económica frente al poder bloqueador del Estado o de posiciones de dominio.

[212] En 1992 Bobbio ya advertía que "la contraposición entre libertarios y autoritarios ya no sirve para distinguir a la izquierda de la derecha sino en el ámbito tanto de la derecha como de la izquierda; el ala moderada, de la extremista; la izquierda democrática y la derecha democrática, de la izquierda revolucionaria y de la derecha montaraz". Norberto Bobbio "Izquierdas y derechas" Madrid, El País, 1992.

Un vez constatado pues que una economía ciudadana no puede –ni debe- ser dirigida de acuerdo con un modelo de reforma dirigido desde el estado –o de cualquier otra administración pública competente- ni que tampoco puede permitirse una administración pública pasiva o facilitadora *solo* de los intereses de monopolios o de grandes grupos económicos, el reto respecto a la relación entre turismo y ciudad pasa por buscar nuevas fórmulas distintas a las tradicionales, aquellas que transitan entre la moderación pasiva, la mera redistribución o el populismo más reaccionario.

Sea a través del modelo tradicional sea a través de las nuevas plataformas digitales es un hecho consumado que el turismo se ha convertido en uno de los elementos clave estructurantes de la ciudad. Principalmente como sector generador de actividad económica, de empleo, con un impacto creciente sobre la ciudadanía, el espacio público y los barrios cada vez más relevante. Impactos positivos en la medida que se genera empleo, ingresos tributarios o *mestizaje* cultural aunque no exentos de riesgos y amenazas para mantener el necesario equilibrio urbano y ambiental. La gestión de los primeros como oportunidades y la consideración de las segundas sin edulcoraciones ni demonizaciones depende que una ciudad sea capaz de generar un turismo ciudadano, un turismo alineado con el conjunto de todos –o casi todos- sus ciudadanos, aspiración lógica de una sociedad democrática madura tanto en el ámbito político como en el económico y el cultural.

El mundo en el que ya que estamos inmersos, líquido, complejo, tecnológico, colaborativo o como queramos llamarlo, requiere por ello liderazgos públicos relacionales e inteligentes. En su sentido más literal: que sean capaces de interrelacionar recursos, crear sinergias, movilizar los activos de la ciudad. No solo aquellos que dependan orgánicamente de la administración pública sino todos aquellos que haya disponibles en un territorio determinado. Debe impulsar valor público con la suma de la iniciativa ciudadana y de los organismos *oficiales* con el objetivo de impulsar una economía ciudadana. Un liderazgo público claramente decidido a impulsar un proyecto de ciudad futuro que actúe sobre las dinámicas presentes, las positivas y las negativas. Para avanzar hacia un turismo ciudadano no nos sirve por lo tanto un liderazgo público basado en la autoridad jerárquica, ni tampoco un liderazgo unipersonal, sino todo lo contrario, debe ser compartido, cooperativo, dinamizador de personas y capacidades con objetivos a medio y largo plazo. Y es que diametralmente opuesta al liderazgo populista una economía ciudadana expresa el deseo de *desestatalización* como aspiración fundamental para una sociedad democrática madura, también en lo económico.

Más allá de los impactos negativos incuestionables -a los que con más o menos intensidad se trata de hacer frente [213]- hemos podido constatar a lo largo de *El turismo ciudadano y sus enemigos* como paradójicamente el *éxito* —como mínimo en términos de popularidad- del turismo globalizado ha generado otro fenómeno en sí mismo, la emergencia del discurso *anti-turismo* fundamentado en un discurso culpabilizador del turismo de buena parte de los aspectos negativos que ocurren en la ciudad globalizada. Obviamente el turismo como cualquier otra actividad económica puede marcar una clara tendencia a la distribución inequitativa de sus beneficios y costos. Por ello parece incuestionable que debe existir una redistribución equilibrada. Pero cuando los conflictos redistributivos están sin duda en la base del discurso *anti-turismo* la apuesta por un turismo ciudadano parece tan urgente como oportuna. La apuesta por un turismo cuyos beneficios no *solo* se redistribuyan, sino que sean generados directamente por una ingente red de ciudadanos particulares, pequeñas, medianas empresas

---

[213] Para procurar mitigar los impactos ambientales se han tratado de introducir criterios de sostenibilidad limitando en algunos casos la capacidad receptiva, tratando de racionalizar la oferta a la demanda (controlando por ejemplo la capacidad de aforo de monumentos, etc.), impulsando la diversificación de la oferta con nuevos productos y destinos, diversificando la demanda con nuevos perfiles de turistas y tipos de turismo) introduciendo la calidad como valor añadido diferenciando turismo *low cost* de turismo de calidad. Parece sin embargo que el esfuerzo no es suficiente de modo que urge ver de qué manera se reducen las emisiones de CO_2, ver no solo como el turismo puede ser sostenible sino como el modelo de crecimiento global no pone en serio peligro las condiciones de existencia de la humanidad y del planeta entero y especialmente como puede hacer compatible con el derecho al turismo.

que puedan empoderarse frente al poder de marcas globalizadas y/o empresas con posiciones monopolísticas en dicho sector.

Más allá de políticas redistributivas por lo tanto el turismo ciudadano pretende ser más ambicioso, como ejemplo práctico y motor para una economía ciudadana. Si la economía ciudadana es una economía orientada a la satisfacción de las personas y a la creación de condiciones para la efectiva libertad de sus ciudadanos, el turismo ciudadano es su aplicación en el ámbito del turismo, de modo que los ciudadanos se apropian de él mediante la posesión –privada- de los medios de producción, actuando como una poderosa herramienta de empoderamiento ciudadano. Y es que más allá de los mecanismos de redistribución de los beneficios generados por el turismo propios de un estado social, cuanto más distribuida esté una economía respecto a los operadores que intervienen directamente en ella, mayor será el impacto social del turismo en una ciudad determinada. Ello ocurre por ejemplo cuando permite incrementar los ingresos de la población receptora contribuyendo a consolidar la economía local o cuando representa una creciente fuente de oportunidades para el desarrollo de nuevas empresas -con la consiguiente generación de empleo derivadas de las mismas-, así como para el estímulo de nuevas inversiones o el apoyo a servicios locales. El turismo así entendido, donde la ciudadanía cuenta con un alto porcentaje de participación en la actividad económica turística, puede permitir la introducción de ingresos económicos líquidos, algo ciertamente poco despreciable en contextos de crisis en ciudades occidentales o en zonas turísticas rodeadas por niveles de extrema pobreza[214]. El turismo ciudadano se da por lo tanto cuando

---

[214] Esta postura es fácilmente defendible por muchos en zonas rurales de destinos turísticos de América Latina, Sur-este asiático o África pero, extrañamente, desparece cuando a ciudades occidentales se refiere. Es el caso por ejemplo de un ciudadano de clase media o en situación *precaria* que no logra verse reconocido en su voluntad de erigirse en ciudadano productor directo. Atrapado entre grandes corporaciones y el discurso *anti-turismo* que lo prefiere quizás sujeto dependiente políticas redistributivas. Ver por ejemplo una defensa de la primera opción y la ausencia de cualquier referencia a la segunda en: Buades, J. Cañada E. y Gascón J. *El turismo en el inicio del milenio: una lectura crítica a tres voces,* Madrid, Foro de Turismo Responsable, Red de

una ciudad se dota de una extensa red empresarial que evita la concentración del poder –económico- en unas pocas manos. Se trata por lo tanto de empoderar a ciudadanos productores, a micro, pequeñas y medianas empresarias para que aumenten su participación respecto a los grandes oligopolios[215] y/o grupos que disfrutan a menudo de condiciones monopolísticas. Más que quitar poder a unos para dárselo a otros, se trata de facilitar que los ciudadanos puedan apropiarse de ellos, no entorpecer la voluntad de un ciudadano productor, de una micro, pequeña o mediana empresa, sea mercantil o cooperativa, y aún menos claro está dar facilidades a grandes grupos económicos para contribuir a su posicionamiento en el mercado.

El turismo ciudadano tiene por lo tanto vocación innovadora y voluntad para encajar aquello que, para algunos, es irreconciliable, turismo y ciudad, bien individual y bien común, libertad e igualdad. Por ello un turismo ciudadano no puede permitirse ni una administración *colaboracionista* con los grandes poderes económicos o los sectores monopolizados ni un liderazgo populista destinado a crear enfrentamientos y desaprovechar oportunidades. Porqué un turismo ciudadano se da cuando se facilita la iniciativa productiva de los ciudadanos frente a la restricción de la competencia que imponen ciertos monopolios y oligopolios con su sobre-participación en la definición de los marcos legales y regulatorios, se da cuando los gobiernos locales dejan fluir la iniciativa ciudadana sin parapetarse en marcos normativos y disposiciones legales previas a la innovación, a la evolución de las ciudades y sus sociedades. El turismo ciudadano necesita ineludiblemente en este sentido que la exigencia de *desregulación*, por ejemplo, no sea considerado automáticamente –y despectivamente- un eslogan *neoliberal*, sino la necesidad creciente de una sociedad individualizada que quiere vivir esa individualidad de forma responsable[216],

---

Consumo Solidario, Picu Rabicu y Espacio por un Comercio Justo, 2012.

[215] Walter Oswalt, "La revolución liberal: acabar con el poder de los consorcios", en Themata 23, 141-179, Sevilla, 1999.

[216] El propio Adam Smith hablaba de la necesidad de observar al otro como elemento fundamental antes de actuar, sentir a los otros y menos a nosotros mismos. Restringir nuestros

una suerte de individualismo ético[217], la reivindicación de mayores cotas de libertad para la configuración autónoma de la propia vida basado en el convencimiento que ello contribuye en paralelo a construir ciudad.

Contrariamente a esta aspiración la expansión del turismo en las ciudades ha convertido en algunos casos al fenómeno turístico y su *éxito* en la coartada perfecta, en el viejo recurso del chivo expiatorio, con el que uno termina despojándose de toda responsabilidad atribuyendo todos los males que afectan a la ciudad a un tercero con el que es casi imposible combatir; un pretexto con el que des-responsabilizarse ante situaciones críticas como el paro, la falta de vivienda social o simplemente la falta de visión estratégica acerca de la ciudad.

Un turismo ciudadano se da sin embargo cuando la ciudad no se resigna a un futuro desolador, cuando se niega a caer en dinámicas melancólicas y reparadoras, a ver la globalización, el mundo y el turismo en particular como una máquina diabólica que hay que frenar como sea. Porqué el turismo ciudadano no se limita a querer conservar lo que está amenazado ni sueña con crear barreras ante un mundo amenazante, se resiste a concebir con recelo al mercado o a la globalización como los agentes principales del desorden económico y las desigualdades sociales desertando de advertir las posibilidades que encierran y que pueden ser aprovechadas.

Aunque para buena parte del discurso *anti-turismo* de apariencia anticapitalista "razonar económicamente es conspirar socialmente"[218] de modo que lo social no puede ser preservado más que contra lo económico, el turismo ciudadano va más allá de una simple mentalidad reparadora y prefiere apostar por invertir en pensamiento innovador y anticipador. Por ello pretende ir igualmente más allá de la movilización

---

impulsos egoístas y consolidar los benévolos constituye para Smith, la perfección de la naturaleza humana.

[217] Gerard Vilar, *Individualisme, ètica i política*, Barcelona, Edicions 62, 1992.

[218] Daniel Innenarity, *La revolución liberal de la socialdemocracia*, 2010. Disponible en https://www.danielinnerarity.es

de los buenos sentimientos o la invocación de la ética para afrontar las amenazas que genera el continuo cambio social en el que están inmersos nuestras ciudades. Tiene vocación proactiva tratando de buscar las mejores fórmulas para ver como el turismo puede contribuir a construir ciudad. Supone conquistar la ciudadanía desde la participación económica, desde la participación activa en el mercado. Justo al revés que cierto discurso *anti-turismo masivo* que denuncia la mercantilización de la ciudad a partir de la cual opone lo social a lo económico,"[219] convirtiendo el mercado en un promotor exclusivo de desigualdad, una realidad anti-social.

Negándose en definitiva a quedarse encerrado en determinismos y constricciones propias del *discurso patético-enfático*[220] el turismo ciudadano se orienta a aprovechar cuantas más oportunidades mejor ofrezca el cambio social en nuestras ciudades. La perspectiva de un turismo ciudadano significa por lo tanto justo lo contrario de la nostalgia *retroprogresista* o *retrotópica* en la medida que expresa una apuesta decidida y activa por confiar en el futuro, resuelta a cuadrar el círculo entre el derecho al turismo, la democratización del turismo y la la democratización de la ciudad y su economía.

El turismo ciudadano ve y quiere ver en definitiva el mundo actual como una fuente de oportunidades e instrumentos susceptibles de ser puestos al servicio de sus ciudadanos. Es propio por lo tanto de toda sociedad que aspire a ser capaz de evitar su instrumentalización tanto por parte de ciertos poderes económicos como por parte de ciertos poderes políticos. Es propio de una sociedad democrática madura, abierta y sin miedo a explorar las oportunidades y posibilidades que ofrece el turismo para todos y para nuestras ciudades del siglo XXI.

---

[219] Daniel Innenarity, *La revolución liberal de la socialdemocracia*, 2010. Disponible en https://www.danielinnerarity.es

[220] Expresión angular del pensamiento de Antonio Escohotado.

5.   EPÍLOGO

De acuerdo con David Harvey "la cuestión de qué tipo de ciudad queremos no puede separarse de la cuestión de qué tipo de personas queremos ser, qué tipos de relaciones sociales buscamos, qué relaciones con la naturaleza valoramos, qué estilo de vida deseamos, qué valores estéticos sostenemos"[221]. A ese derecho a la ciudad, al derecho individual y colectivo de poder contribuir a la ciudad de acuerdo a nuestros deseos[222] deberíamos añadirle sin embargo el deber ciudadano de respetar la dinámica ciudadana, plural por definición, aún cuando no responde exactamente a nuestras propias expectativas. El deber por ejemplo de respetar a quien nos visita por un día, una hora o la vida entera, el deber de respetar nuevas formas de residencia, habitacionales, que emergen en sociedades plurales y complejas como las nuestras; el deber de tratar de entender los fenómenos sociales con honestidad, huyendo de discursos anquilosados en una u otra tradición ideológica siendo capaces de ver tanto las contradicciones como las oportunidades; el deber de explicitar las contradicciones que se evidencian en las tensiones entre lo local y lo global y que también son nuestras propias tensiones, sea como consumidores, como contribuyentes, como turistas, como profesionales o como ciudadanos.

---

[221] Ídem.

[222] David Harvey, *Ciudades rebeldes*, Madrid, Akal, 2013 y David Harvey, *Diecisiete contradicciones y el fin del capitalismo*, Quito, IAEN, 2014.

Por ello no sobra antes de terminar enfatizar que el turismo ciudadano no es un modelo cerrado, ni perfecto. En realidad nada es perfecto. Más bien el turismo ciudadano se asemeja a un proceso, una actitud, una voluntad y una predisposición acerca de como abordar el turismo en la ciudad. De acuerdo con Richard Sennet una de las cosas importantes de la vida urbana es como hacer que las complejidades que la ciudad contiene interactúen y es preciso remarcar que en esta constante interacción no se puede pretender cerrar soluciones eternas porque la ciudad es un cuerpo vivo, en evolución[223]. Como nosotros mismos. Por ello los sistemas cerrados no sirven para las ciudades que crecen, decrecen, cambian, evolucionan constantemente, como entidades culturales, políticas y económicas que viven dinámicas, inercias y acciones iniciadas hace décadas, siglos o incluso milenios enteros al tiempo que se entremezclan con las acciones y reacciones del presente.

Lejos por lo tanto de cualquier aspiración a sugerir propuestas perfectas, *El turismo ciudadano y sus enemigos* solo pretende en el mejor de los casos haber estimulado la necesidad de impulsar un turismo ciudadano, y en el peor de ellos, me conformaría con haber generado algunas preguntas, parafraseando a Richard Rorty "haber movido la tabla de ajedrez" acerca de las oportunidades que puede ofrecer el turismo para nuestras ciudades.

---

[223] Jordi Borja, *La ciudad conquistada*, Madrid, Alianza Editorial, 2003 y Jordi Borja, *Revolución urbana y derechos ciudadanos*, Madrid, Alianza Editorial, 2013.

www.ingramcontent.com/pod-product-compliance
Lightning Source LLC
Chambersburg PA
CBHW020512290526
45786CB00002B/565